HISTOIRE

DU

BOURG D'ÉCOUCHÉ

TIRÉ A 150 EXEMPLAIRES.

5 sur papier chamois vergé de Rives.
20 sur papier vergé dit de Hollande.
125 sur papier méconique ordinaire.

HISTOIRE

DU

BOURG D'ÉCOUCHÉ

(DÉPARTEMENT DE L'ORNE)

par

M. ALFRED DE CAIX

CAEN

LE GOST-CLÉRISSE, LIBRAIRE
Rue Écuyère, 36

MDCCCLXII

OUVRAGES DU MÊME AUTEUR.

Notice sur le Prieuré de Briouze. Brochure in-4°, tirée à 100 exemplaires. Prix : 1 fr. 50.

Notice sur la Chambrerie de l'abbaye de Troarn. Brochure in-4°, tirée à 100 exemplaires. Prix : 2 fr.

HISTOIRE

DU

BOURG D'ÉCOUCHÉ,

DÉPARTEMENT DE L'ORNE.

I. — HISTOIRE GÉNÉRALE.

Lorsque l'idée nous vint d'interroger le passé d'une localité aussi obscure que celle d'Écouché, nous ne fûmes pas guidé par l'espoir de découvertes d'un haut intérêt : seuls, l'amour du pays natal et l'attrait pour des traditions que le temps fait disparaître chaque jour, nous ont poussé dans cette entreprise ingrate, dont le résultat n'est point en rapport avec les efforts qu'elle nous a coûtés. Le fruit de ce travail n'aura de saveur que sur le sol qui l'a produit. En effet, quel est le lecteur étranger aux lieux dont nous traçons l'histoire qui puisse s'intéresser à cette étude toute locale ? Puisse-t-elle, néanmoins, servir à quelques-uns de nos savants confrères, qui ont le talent d'utiliser tous les matériaux, pour reconstruire notre histoire, travestie et défigurée depuis deux siècles !

Le bourg d'Écouché, situé à 8 kilomètres d'Argentan, sur la route de Granville, dans une petite plaine très-fertile, comprise entre la rivière d'Orne et ses affluents, la Cance et l'Udon, ressort sur un rideau de peupliers. Ses maisons sont serrées autour de l'église monumentale qui les domine et semble les protéger. Comme des sentinelles avancées, on aperçoit, au premier plan, l'hospice et sa chapelle, et, plus loin, une autre chapelle s'élevant au milieu de sépultures. Ce sont autant de témoins de la foi des générations passées.

Tout en pénétrant dans la vie intime de cette bourgade, nous n'aurons point à nous occuper de son action dans l'histoire générale, qui, heureusement pour ses habitants, fut presque nulle. Ce sera une occasion de rappeler et d'étudier ces institutions et ces coutumes du moyen-âge, si pleines de mystères pour notre siècle.

Après avoir raconté l'histoire et la filiation des puissants seigneurs d'Écouché, nous ferons revivre les noms de ces obscurs bourgeois qui contribuèrent à élever, enrichir et administrer leur église, ainsi que de ceux qui firent le sacrifice de leurs biens et de leurs personnes pour ériger un hospice et y soigner les pauvres. Que cet opuscule soit leur Livre-d'Or !

A quelle époque faut-il faire remonter l'origine d'Écouché ? Nous l'ignorons. Nous avouons ne pouvoir tirer aucune lumière à ce sujet de son appellation, dont le sens primitif nous échappe. Dans les plus anciens monuments écrits que nous connaissions, c'est-à-dire du XI*e*. siècle, il est appelé *Scoceium*. Plus tard, par euphonie, on a prononcé et écrit *Escoceium, Escocheium*, d'où, en français, *Escocié, Escochié, Escouché* et enfin *Écouché*. Les latinistes du dernier siècle traduisaient ce nom par *Ecubatum*.

La position occupée par Écouché a dû être recherchée par les plus anciens habitants du pays à cause de sa fertilité et du voisinage des rivières. Les Romains étaient trop bons appréciateurs de ces avantages matériels, pour avoir négligé un pareil site. Leur passage est d'ailleurs attesté, non-seulement à Écouché, mais encore dans tout le canton, par les débris de leurs constructions, leurs sépultures et les dépôts monétaires mis à découvert. Écouché se trouvait, en outre, à l'intersection de plusieurs voies dont l'importance existe encore, pour quelques-unes.

Après la destruction violente des établissements gallo-romains, les peuples conquérants s'implantèrent sur le sol balayé et ne tardèrent pas à y prendre racine : ils profitèrent en général des positions toutes faites ; c'est ainsi qu'Écouché continua d'être ce qu'il avait été sous la domination romaine ; et lorsque ces peuples barbares se convertirent au christianisme, ils élevèrent leurs églises au milieu de paroisses correspondant aux anciennes circonscriptions. C'est à cette époque qu'il faut attribuer la construction de ces nombreux moulins à blé et à étoffes, dont les prises d'eau, fort bien calculées, sont encore utilisées par nous. Le christianisme, en abolissant l'esclavage, avait rendu ces innovations nécessaires.

Une nouvelle invasion vint fondre sur cette société au IXe. siècle : nous voulons parler de la descente des Danois, auxquels on donna le nom de Normands. Après des expéditions successives qui couvrirent le pays de sang et de ruines, les derniers venus, ne trouvant plus de butin à enlever ni de victimes à égorger, demandèrent à ce sol dévasté les richesses qu'on obtient du travail.

Rollon, leur chef, après s'être fait accorder par le roi de France la belle province que nous habitons, reçut le baptême ; il distribua des domaines à ses compagnons, et fut obligé d'appeler d'autres étrangers pour repeupler ce pays désert (1).

C'est alors qu'Écouché, relevé de ses ruines, figura comme chef-lieu d'un doyenné dépendant du diocèse de Séez, et compris dans l'archidiaconé de Houlme. Voici les noms des paroisses qui com-

---

(1) Guillaume de Jumiéges, *Histoire des Normands*, trad. Guizot.

posaient ce doyenné : Avoines, Bellefonds, Boicei, Boucé, Clairai, Coulandon, La Ferrière-Bréchet, Fontenay-sur-Orne, Joué-du-Plain, Juvigny, Loucé, Marcei, Marigny, Mauvaisville, Médavi, Méheudin, Montmerré, O. Le Repos, Sarceaux, St.-Christophe-le-Jajolet, St.-Loyer, Tanques, Tauville et Vieux-Pont (1).

Si l'on jette les yeux sur la carte, on voit que ces paroisses composent un territoire continu, compris dans l'angle formé par les rivières d'Orne et d'Udon, s'étendant depuis Écouché jusqu'aux portes de Séez. Cependant, le doyenné de Macé, composé de quatorze paroisses, s'enchevêtrait dans celui d'Écouché, et semble avoir fait partie de la même circonscription primitive.

Pendant le moyen-âge, Écouché fut fortifié, ce qui lui valut, dans les chartes du XIIe. siècle, la dénomination de *Castrum* (2). On le trouve dans quelques actes désigné comme ville ; mais c'était une forme de langage qui semble indiquer ce qu'on nommait anciennement *ville bateice*, c'est-à-dire lieu fortifié de palissades et d'un château de bois nommé *bretèche* (3). En effet, les fossés qui dé-

---

(1) Almanach du diocèse de Séez pour l'année 1789.

(2) Voir, plus loin, la charte de Hugues IV de Gournay.

(3) Voir l'ordonnance de Charles-le-Bel, roi de France, du 13 avril 1325, qui exempte « les villes bateices » de payer la taille (*Ordonnances des rois de France*, édit. Laurière, t. I, p. 788).

fendaient Écouché ne furent jamais renforcés de murailles. Il existait au centre du bourg une motte féodale, entourée de larges fossés, qui dut servir d'assiette à une de ces bretèches dont nous venons de parler. Comme Écouché n'était pas habité par ses seigneurs, ils commettaient à sa garde un chevalier désigné sous la qualification de *præfectus* (1).

Écouché ne joua aucun rôle dans les guerres qui se succédèrent pendant le cours du moyen-âge. Ses modestes défenses suffisaient à peine à le protéger contre un coup de main; ainsi, en l'année 1045, elles sauvèrent les habitants des entreprises d'une troupe de brigands. Guillaume de Jumiéges nous rapporte qu'en cette année le diocèse de Séez fut mis à feu et à sang par une famille puissante, qui avait recruté une armée de pillards : c'étaient les trois fils de Guillaume Soreng, nommés Richard, Robert et Avesgo, lesquels, après avoir ravagé le pays, finirent par s'emparer de la ville épiscopale, qu'ils saccagèrent. Ils firent de la cathédrale un repaire de voleurs et une écurie pour leurs chevaux. Le vénérable évêque Yves de Bellème, voulant les expulser, fit

---

(1) Voir notre *Notice sur le prieuré de Briouze :* dans la charte d'Yvon en faveur de l'abbaye de St.-Florent, un Girault, *Giraldus prefectus de Scuceio*, est témoin. Voir à l'Appendice, n°. 18, et les *Mémoires de la Société des Antiquaires de Normandie*, t. XXII, p. 127.

mettre le feu aux maisons voisines, ce qui causa l'incendie de la cathédrale. Dieu infligea à tant de crimes un juste châtiment; les membres de la famille Soreng périrent misérablement de la main de leurs victimes; c'est ainsi que Robert ayant été faire une excursion dans le voisinage d'Écouché, où il ne put entrer, fut poursuivi par les paysans comme il se retirait chargé de butin; ils l'atteignirent près de Fleuré et l'exterminèrent (1).

Les guerres de succession, sous les ducs de Normandie, amenèrent de grands malheurs. Après la mort de Henri Ier., Étienne de Blois, son neveu, éleva des prétentions contre la fille et héritière du duc, Mathilde, épouse de Geoffroy Plantagenet, comte d'Anjou, lequel, avec l'aide du comte de Ponthieu, fils de Robert de Bellême, répandit des flots de sang pendant le cours de l'année 1035. L'année suivante, Geoffroy n'ayant pas réussi dans ses entreprises, reparut à la tête de ses Angevins, renforcés d'une foule d'aventuriers. Les Normands eurent cruellement à souffrir de ces hordes dévastatrices, auxquelles ils avaient donné un surnom qui, dans leur langage, devait exprimer toute l'horreur qu'ils inspiraient : ils les nommaient *Hilibecs*, *Guiribecs* (*Hilibecci*, *Guiribecci*.) Cette

---

(1) *Histoire des Normands* de Guillaume de Jumièges, l. VII, ch. xiv.

armée passa la Sarthe le 21 septembre 1136, se dirigea sur Carrouges dont elle s'empara, malgré la résistance du chevalier Gautier, et prit sa direction sur Écouché. Les malheureux habitants, voyant fondre sur eux cet orage qu'ils étaient impuissants à conjurer, s'enfuirent avec ce qu'ils avaient de plus précieux ; mais, en se retirant, ils mirent le feu à leurs maisons, afin de priver l'ennemi d'un asile et des ressources qu'ils abandonnaient. Lorsque Geoffroy et ses bandes se présentèrent, ils ne trouvèrent que des ruines fumantes. Les Angevins poussèrent leur expédition jusqu'à Lisieux, en passant par Montreuil-au-Houlme et Moustier-Hubert. Ils parurent devant la ville, le jour de St.-Michel 1136. La garnison, redoutant de combattre contre un ennemi précédé par une réputation de férocité implacable, imita l'exemple des habitants d'Écouché, en incendiant la ville. Ces bandes, après une excursion de treize jours, marquée par une longue série de violences et de dévastations, rebroussèrent chemin, harcelées par les habitants du pays qui en tuèrent un grand nombre, et de plus décimées par une affreuse dyssenterie, due aux fatigues et aux excès, qui en fit périr une partie le long des chemins. Enfin, le gros de cette armée, arrêté par le débordement des rivières, fut exterminé par Robert de Médavy qui, avec d'autres seigneurs normands, s'était mis à la tête des habitants du pays. Ce qui leur échappa périt dans les flots (1).

Revenons au bourg d'Écouché. Dans ce désastre, le château de bois ou bretèche qui le commandait avait disparu. Fut-il jamais reconstruit? Nous ne saurions le dire. Il y a une trentaine d'années, une masse importante de la motte féodale existait encore ; les propriétaires, voulant utiliser son emplacement, le déblayèrent. Ce travail ne mit à découvert aucune substruction de maçonnerie un peu importante ; mais les ouvriers trouvèrent une assez notable quantité de blé noirci, ayant parfaitement conservé son aspect ordinaire, mêlé à des débris d'incendie. Ces témoins d'un ancien désastre remontent-ils aux époques agitées dont nous venons de parler? Nous n'osons l'affirmer ; mais rien ne s'oppose à cette opinion. Cet emplacement continua jusqu'à nos jours d'être la motte féodale, comme marquant l'assiette de la résidence seigneuriale ou siége du fief, quand il n'y eut plus de demeure.

Écouché était entouré de villes fortifiées dont il subissait le sort. Néanmoins, lors de l'invasion anglaise du XVe. siècle, bien que tout le pays se fût soumis aux vainqueurs, ce qu'attestent les

---

(1) Voir les détails intéressants de cette expédition dans Orderic Vital, t. IV, p. 474-480, édit. Guizot, ou édit. d'A. Le Prevost, t. V, p. 67 et suiv.

lettres de protection accordées à plus de 400 paroisses rurales, ainsi qu'à un grand nombre de particuliers (1), il est à noter que ni le bourg d'Écouché, ni les places fortes du pays ne reçurent cette marque de confiance de la part du roi d'Angleterre; pour s'assurer de leur soumission, il les fit occuper par des garnisons. Écouché reçut la sienne en 1445 : elle se composait de 16 lances à cheval et de 48 archers (2). Une troupe aussi forte, placée à peu de distance des garnisons d'Argentan et de Falaise, fait voir combien la conquête était mal affermie. Les populations, écrasées par les exactions de ces étrangers, saisissaient toutes les occasions de secouer ce joug insupportable. Enfin on vit arriver le terme de ces souffrances. Charles VII parvint à expulser ces étrangers de

---

(1) Voyez, dans les *Mémoires de la Société des Antiquaires de Normandie*, les *Rotuli Normanniæ*, publiés par M. Léchaudé-d'Anisy, t. XV, p. 226, 276, 278. Parmi les chevaliers et écuyers formant la garnison de la ville de Séez, s'en trouvaient quelques-uns habitant le voisinage d'Écouché. C'étaient Jehan de Beaurepaire (fief de la paroisse de Loucé), Jehan de La Lande, Guillaume Cobar (seigneur de Loucé et de Vigneral), Fralin de La Motte, Olivier Malveisin (une famille Mauvoisin était anciennement fixée dans la paroisse de Joué-du-Plain, sur le fief du Marais-Bouvillon). Le roi d'Angleterre, par ses lettres datées du 9 octobre 1417, les autorisa à se retirer hors de la Normandie, avec leurs serviteurs, leurs chevaux, leurs équipages et leur avoir. Ils ne tardèrent pas à faire leur soumission ; car, dès le 18 du même mois, des lettres royales, datées d'Alençon, les admirent en grâce avec remise de leurs domaines.

(2) Voir, à l'Appendice, le n°. 1.

la Normandie pendant l'année 1450. Se portant de là sur Cherbourg, qui tenait encore, il traversa Écouché, qui lui servit d'étape. C'est dans ce bourg qu'il signa les lettres de confirmation délivrées à l'Université de Caen, le 31 juillet 1450 (1).

Si nous sautons de cette époque aux guerres religieuses de la seconde moitié du XVI°. siècle, nous verrons Écouché subissant les tendances de la Réforme, mouvement passager qui ne laissa pas de traces. Toujours est-il que ce bourg recevait d'autres influences que les villes voisines, qui se prononcèrent pour la Ligue. En l'année 1589, le duc de Montpensier, gouverneur de la Normandie pour Henri III, ayant rassemblé à Alençon une armée royaliste, se dirigea sur les villes rebelles; comme il marchait sur Caen, afin d'éviter Argentan qui tenait pour la Ligue, il vint, le 5 janvier, coucher dans le bourg d'Écouché qui lui était dévoué ; de là, poursuivant sa route, il s'empara de Caen, et termina cette expédition par la prise de Falaise, que défendait le comte de Brissac avec le concours de six à sept mille paysans, nommés Gautiers, soulevés pour la cause catholique, et qui furent exterminés (2).

(1) Voir l'abbé De La Rue, *Essais sur la ville de Caen.*
(2) Odolant Desnos, *Histoire du comté d'Alençon*, t. II; et *Recherches historiques sur la ville de Falaise*, par l'abbé Langevin, p. 393.

Henri III ayant été assassiné à St.-Cloud, le 1ᵉʳ. août de cette même année, le roi de Navarre, devenu roi de France de nom, fut obligé, pour le devenir de fait, de conquérir son royaume. Il commença par la Haute-Normandie. Après s'être emparé de Dieppe, avoir battu le duc de Mayenne à Arques, il porta la guerre sur d'autres points. Ce prince infatigable vint, dans le mois de décembre 1589, conquérir les villes de la Basse-Normandie ; pendant qu'il investissait Falaise et Argentan, il parcourut le pays dans tous les sens. Les chevauchées d'Henri IV, pendant cet hiver de 1589, procurèrent aux habitants d'Écouché l'honneur de le recevoir. Il logea dans une hôtellerie encore existante, alors à l'enseigne de *la Corne-de-Cerf*, et présentement de *la Corne*. Il n'y avait pas dans ce bourg de manoir seigneurial, et le chevaleresque monarque, quand il pouvait faire autrement, évitait d'être à charge à ses partisans dévoués. Il y a peu d'années, au premier étage de la modeste hôtellerie, se trouvait une grande chambre, où l'on remarquait une vaste cheminée, sous le manteau de laquelle avait devisé l'aventureux Béarnais avec les officiers de sa suite. Cette pièce portait le nom de Chambre du Roi. Nous l'avons vue ayant conservé son aspect primitif ; mais, depuis, la maison a été modifiée suivant les besoins de l'époque ; on a en même temps fait disparaître les détails pittoresques de cette vieille hôtellerie historique. Plusieurs châteaux du pays ont conservé le souvenir du séjour du Béarnais.

Nous allons maintenant étudier en détail ce qui concerne Écouché, en commençant par l'histoire de ses seigneurs. Nous esquisserons, le plus succinctement possible, les principaux actes de leur vie, ainsi que les phases de transmission de propriété, parce que les faits qui les concernent ne se rattachent que très-indirectement à l'histoire intime du bourg, qui ne fut à aucune époque leur résidence, sauf pendant quelques années du XVIIe. siècle.

II. — SEIGNEURS D'ÉCOUCHÉ.

Le premier seigneur d'Écouché qui nous soit connu fut Raoul de Gacé.

Raoul de Gacé ou *Wacé* était petit-fils de Richard Ier., troisième duc de Normandie, par conséquent de la race de Rollon. Voici comment. Le duc Richard, ayant perdu Emma, sa femme, fille de Hugues-le-Grand, se consola de cette perte en courant les aventures. Ayant entendu parler de la beauté de la femme d'un forestier de ses domaines, d'une noble famille Danoise, qui demeurait proche d'Arques, il alla chasser à dessein de ce côté ; il la vit, s'enflamma à première vue d'un amour adultère pour cette dame, nommée Sainfriè, et donna ordre à son hôte de la lui envoyer à sa chambre pour la nuit. Le forestier, au désespoir, vint rapporter ces paroles à sa femme ; celle-ci apaisa la douleur de son époux en lui disant qu'elle enverrait à sa place sa sœur, Gunnor, jeune fille beaucoup plus belle qu'elle-même. Il fut fait ainsi, et le duc, ayant reconnu la fraude, se réjouit de n'avoir pas péché avec la femme d'un autre (1). Les relations se continuèrent, et de cette union illégitime naquirent trois fils et trois filles. L'aîné des fils succéda à son père au duché de Normandie, sous le nom de Richard II ; le second, nommé Robert, fut proposé par son père pour occuper le siége archiépiscopal de Rouen ; mais le clergé protesta contre la nomination d'un bâtard. Cette opposition fit ouvrir les yeux du duc, qui, voulant faire cesser le scandale de sa conduite, épousa Gunnor devant les autels (2). Robert fut alors pourvu de l'archevêché de Rouen, vacant par la

---

(1) Guillaume de Jumiéges, *Histoire des Normands*, l. VIII.

(2) Voici l'anecdote que rapporte, à ce sujet, Dumoulin, dans son *Histoire de Normandie*, liv. VII, p. 89 : « La nuict de leurs nopces, « Gunnor, à qui les gentillesses d'esprit étoient ordinaires, lui tourna « le dos : le duc lui en demandant la cause, veu qu'auparavant elle « se jetoit dans ses bras, eut pour réponse, accompagnée de grands « ris, que par le passé elle participoit à son lict comme mignonne et

mort de Hugues. Son père lui donna le comté d'Évreux ; aussi vécut-il beaucoup plus en prince qu'en évêque. Il épousa une femme, nommée Horlève, avec laquelle il vécut publiquement et dont il eut trois fils. Ce prélat mourut en 1037 ; il s'était converti à la fin de ses jours et avait fait pénitence de sa vie irrégulière (1). Le fils puîné de l'archevêque fut ce Raoul de Gacé qui, malgré ses qualités éminentes, paya son tribut aux vices de son siècle. Comme il convoitait la charge de tuteur du jeune Guillaume-le-Bâtard, occupée par Gilbert Crespin, il fit, pour satisfaire son ambition, assassiner ce seigneur un matin qu'il se promenait à cheval, en compagnie de son compère, Josselin de Pont-Escheufroy, par Foulques, fils de Giroie. Ce fait se passa en 1039 (2). Peu de

« humble servante ; mais ors qu'elle pouvoit y dormir comme maîtresse « de la moitié. » Ce qui fit donner le nom de Tournedos au lieu où se passa cette petite scène intime, ajoute l'historien.

(1) *Histoire ecclésiastique* de Fleury, t. XII, p. 372. Pour apprécier des mœurs pareilles, il faut penser que cette société touchait encore de bien près au paganisme, et que la religion de ces demi-barbares n'avait pas pénétré jusqu'à leur cœur. Par suite de leur rapacité, ils avaient fait main-basse sur tout, même sur les dignités ecclésiastiques. Ils ne renonçaient pas pour cela à la vie du monde ; ils faisaient remplir les devoirs de leurs charges par des clercs à gage. Ils étaient un peu dans la position des abbés commendataires, qui ne voyaient dans leur titre qu'un bénéfice, se traduisant par des avantages matériels. L'Église protesta contre ces abus, et finit par en avoir raison.

(2) Guillaume de Jumièges, chap. vi, p. 174.

temps après, la Normandie était livrée à la plus sanglante anarchie ; les seigneurs, assemblés au nom du jeune duc, résolurent de lui choisir un nouveau tuteur capable de résister à l'avidité des ennemis qui convoitaient son patrimoine. Raoul de Gacé, déjà connétable de Normandie et cousin du jeune prince, fut acclamé par tous les barons. Il remplit sa charge avec énergie et fidélité. Ses contemporains lui avaient donné le ridicule sobriquet de *Tête-d'Ane,* non pour son entêtement, mais à cause de la longueur de sa tête et de la grande quantité de cheveux dont elle était couverte (1). Orderic Vital, qui nous apprend que Raoul de Gacé était seigneur d'Écouché, ne nous dit pas comment ce domaine lui était parvenu. La date de sa mort ne nous est pas connue ; mais nous savons qu'il laissa un fils, issu de son union avec Bazilie Fletel, lequel se nomma Robert.

Robert de Gacé succéda à son père dans la possession de ses nombreux domaines et, en particulier, de celui d'Écouché. Ce personnage peu marquant mourut sans postérité vers l'an 1064. Le duc Guillaume réunit ses héritages à son domaine particulier (2).

Guillaume-le-Conquérant, duc de Normandie.

(1. Orderic Vital, trad. Guizot, t. III, l. VIII, p. 99.
(2) Orderic Vital, trad. Guizot, t. III, l. VIII, p. 282.

Ce prince, devenu maître de ces biens, en affecta une partie à la dotation du monastère de Ste.-Trinité, fondé par la duchesse Mathilde, son épouse, dans la ville de Caen, en l'année 1068. Entr'autres largesses, il donna la dîme du revenu des domaines d'Écouché et de Gacé (1). A la mort du Conquérant, beaucoup de ses actes et donations furent contestés par les seigneurs et bourgeois qu'il avait contraints de se défaire, soit à prix d'argent, soit même sans indemnité, de leurs héritages dont il avait enrichi ses abbayes : témoin cette protestation si énergique qui se produisit sur sa tombe, de la part du bourgeois Asselin, qui revendiqua si haut l'emplacement de cette sépulture. Ses enfants eux-mêmes ne respectèrent pas ses dernières volontés. Après sa mort, la dîme des revenus d'Écouché cessa de figurer dans la recette de l'abbaye de Ste.-Trinité, parce qu'un seigneur, nommé Girard de Gournay, revendiqua cette portion de l'héritage de Robert de Gacé, son frère utérin. Il prétendit que celui-ci lui

---

(1) Voir, dans le *Gallia christiana*, *Instrumenta ecclesiæ Baiocensis*, c. 59, E-60, A., la charte de fondation de cette abbaye, à laquelle Guillaume donna *decimam Waci et Scocei et de theluneo et prefectura et molendinis et piscibus*..... Il ne s'agit point ici de la dîme ecclésiastique d'Écouché, qui fut donnée plus tard à l'abbaye de St.-Florent de Saumur (Voir notre *Notice sur le prieuré de Briouze*, dans les *Mémoires de la Société des Antiquaires de Normandie*, t. XXII, Appendice).

avait légué ce domaine; il offrit de le prouver par témoins (1). Après la mort de Raoul-Tête-d'Ane, sa veuve, Bazilie Fletel, épousa, en secondes noces, Hugues de Gournay. Cette union avait donné le jour à ce Girard de Gournay; c'est ainsi qu'il était frère de Robert de Gacé. Après la mort de Bazilie, Hugues se fit moine à l'abbaye du Bec (2).

Girard de Gournay. Ce seigneur, grâce à la faiblesse du successeur de Guillaume-le-Conquérant, put se maintenir en possession du domaine d'Écouché, quoique Robert-Courte-Heuze ne reconnût pas la validité de sa prétention. Ce prince, incapable de gouverner ses domaines, voyant les Manceaux profiter de ses embarras pour se soustraire à sa domination, fit appel au comte d'Anjou, Foulques-le-Réchin, avec prière de venir le trouver, parce qu'une maladie l'empêchait lui-même de faire cette démarche. L'Angevin arriva et promit de faire rentrer les Manceaux dans l'obéissance, mais à la condition qu'on lui ferait épouser la belle Bertrade, fille de Simon de Montfort et nièce de Guillaume, comte d'Évreux. Le duc fit part de cette proposition à ce comte, qui d'abord objecta le peu de rapport d'âge entre sa nièce et

(1) Orderic Vital, t. III, l. VIII, p. 280.
(2) Guillaume de Jumiéges, chap. xxxvii, p. 304.

son prétendant, lequel d'ailleurs était bigame. Ce n'était qu'un semblant de délicatesse de la part du comte d'Évreux, qui vit là un marché avantageux. Il finit par dire qu'il consentirait à la demande si on voulait lui rendre Bavent, Noyon, Gacé, *Écouché*, et d'autres domaines qui avaient appartenu à son oncle, Raoul de Gacé (1). Le duc de Normandie, après avoir pris l'avis de son Conseil, consentit à la demande et rendit l'héritage de Raoul de Gacé, à l'exception d'Écouché, que détenait Girard de Gournay, seigneur si puissant qu'il n'eût pas été prudent de le déposséder (2). Girard de Gournay mena une vie très-aventureuse, mêlé à toutes les discordes qui agitèrent cette époque, tenant tantôt pour le duc Robert-Courte-Heuze, plus souvent pour Guillaume-le-Roux, roi d'Angleterre, qui dis-

---

(1) Robert-l'Archevêque avait laissé le comté d'Évreux à son fils aîné, Robert. Raoul de Gacé était le puîné; le comte d'Évreux épousa la veuve de Roger du Ternois, dont il eut un fils, nommé Guillaume, qui devint comte d'Évreux après lui, et une fille, mariée à Simon de Montfort, de qui naquirent Amaury de Montfort et Bertrade dont il est ici question (Voir Guillaume de Jumièges, l. VIII, ch. XVII, p. 270). Cette Bertrade, après avoir été accordée au comte d'Anjou et avoir vécu quatre ans avec lui, résolut de quitter ce mari vieux et libertin, et, par la démarche la plus éhontée, alla s'offrir à Philippe Ier., roi de France, qui répudia Berthe, sa vertueuse épouse, dont il avait eu trois enfants, pour prendre cette nouvelle femme. Cet acte odieux fut pour le royaume une source de malheurs.

(2) Orderic Vital, t. III, l. VIII, p. 282.

putait à son frère l'héritage paternel, jusqu'à ce que le duc de Normandie, ayant perdu une partie de ses états, se déterminât à suivre l'irrésistible courant qui entraînait une partie de l'Europe à la conquête des Lieux-Saints. Il partit au mois de septembre 1096, menant à sa suite l'élite des chevaliers normands, au nombre desquels figurait en première ligne Girard de Gournay (1), qui fut accompagné par sa femme Édith, sœur de Guillaume, comte de Warennes. Beaucoup d'épouses suivirent leurs maris, désireuses de partager leurs périls et les faveurs célestes promises à l'expédition. Elles prirent, en maintes occasions, une part active aux luttes des croisés et leur rendirent des services.

Après la prise de Nicée, les Normands, formés en corps d'avant-garde, sous le commandement de leur Duc, ayant sous lui Boëmond, Étienne, comte de Blois, Tancrède, Girard de Gournay et autres, marchèrent en éclaireurs pour protéger le gros de l'armée, qui s'avançait sous les ordres de Godefroy de Bouillon, du comte de Toulouse, de l'évêque du Puy, etc. Les Normands, surpris dans leur marche par un corps d'infidèles très-supérieur en nombre, malgré la valeur qu'ils déployè-

---

(1) Orderic Vital, t. III, l. IX, p. 443-446. Les armoiries de Girard de Gournay se voient figurées dans la salle 5 des Croisades, au Palais de Versailles.

rent en cette circonstance, coururent les plus grands dangers. Un émissaire porta l'annonce de leur détresse au général en chef, qui précipita sa marche et arriva à temps pour rétablir l'équilibre. Les Musulmans furent culbutés. Pendant cette action, les femmes payèrent de leurs personnes avec un grand dévouement. Les combattants succombaient sous les ardeurs d'un soleil de feu, lorsqu'elles se jetèrent dans la mêlée, portant de l'eau pour étancher la soif des guerriers et laver le sang de leurs blessures. Elles remontèrent leur courage par leurs exhortations (1).

A partir de ce glorieux combat, le silence se fait sur Girard de Gournay : nous savons seulement qu'il ne revit pas son pays. Son épouse, Édith, revint en Normandie sous les habits de deuil. Cependant elle ne tarda pas à se consoler, et elle épousa Drogon de Mouchy, dont elle eut un fils, nommé Drogon comme son père. Girard avait laissé, de son union avec cette femme, un fils qui porta le nom de Hugues (2). Il était encore enfant, lors de la

---

(1) Orderic Vital, t. III, l. IX, p. 443-446.

(2) Consulter, pour l'histoire de cette illustre maison, nos vieux chroniqueurs normands, et surtout le magnifique ouvrage publié par un des descendants de cette famille établie en Angleterre ; il a pour titre : *The Record of the house of Gurney compiled from original documents, by Daniel Gurney. Esq., F. S. A. London, 1848.* Ce travail est complété par un Supplément, du même auteur, publié en 1858. C'est un vrai monument que M. Daniel Gurney a élevé à son illustre maison. On y

mort de son père. Henri Ier. recueillit cet orphelin et l'éleva comme son propre fils; quand il fut en âge, il l'arma chevalier et lui fit rendre ses héritages que son beau-père, Drogon de Mouchy, avait usurpés.

C'est ici l'occasion de faire remarquer, par l'inspection des chartes de ce Hugues de Gournay, qu'il ne posséda que la moitié du domaine d'Écouché. Cette division entre deux branches de seigneurs se perpétua jusqu'au commencement du XVIIe. siècle. Nous allons donc prendre Hugues de Gournay comme le chef d'une de ces branches.

III. — SEIGNEURS D'ÉCOUCHÉ, 1re. BRANCHE.

Hugues de Gournay. M. Daniel Gurney attribue à un partage entre Hugues et un frère, nommé Basile, la division du domaine d'Écouché en deux portions, appartenant dès lors à deux branches de seigneurs (*Supplément*, p. 733, note). Il appuie cette assertion sur deux fragments de chartes de Henri II, confirmatives d'autres plus anciennes, en faveur de l'abbaye du Bec (1). Ces textes ne

---

trouve figurés les écussons, les sceaux, les pierres tombales, ainsi que les inscriptions qui se rattachent à cette histoire. L'ouvrage contient des plans anciens et des vues de monuments de la petite ville de Gournay-en-Bray, berceau de cette famille.

(1) Voici les textes cités par M. Daniel Gurney; ils sont extraits du *Monasticon* de Duguedales, t. VI, p. 1068 : « De dono *Basilii* de Gor-

nous semblent pas très-explicites, et nous paraissent peu concluants. Le chroniqueur Orderic Vital se tait sur ce frère, tandis qu'il fait mention de la sœur de Hugues de Gournay, nommée Gundrée ou Gundrède, qui pourrait bien avoir donné lieu à ce partage (1).

nay, medietatem Longoly (Longueuil); de dono Hugonis de Gornay, « boscum Girardi ; de dono Girardi de Gurnay, Lisingham. » Puis, d'une autre page du même cartulaire, il extrait ce fragment de charte de Henri II : « Ex dono Girardi de Gornaio et Basiliæ matris suæ, « medietatem totius manerii de Longolio... Ex dono Hugonis de Gor- « naio, decimam de præpositura et *portione sua*, in villa de *Esthori* (mauvaise leçon du nom d'Écouché). » Nous voyons bien un Basile de Gournay donner la moitié du domaine de Longueil ; mais il ne s'ensuit pas pour cela qu'il ait partagé Écouché avec le Hugues qui nous occupe. En effet, il serait plutôt son grand-oncle que son frère, puisque le père de Hugues, Girard, et sa grand'mère, Basilie, confirment le don de la moitié de ce domaine de Longueil, déjà partagé de leur vivant.

(1) M. l'abbé De La Rue, dans ses *Recherches historiques sur la ville de Caen*, t. II, p. 12, parlant de la fondation de l'abbaye de Ste.-Trinité, cite au nombre des bienfaiteurs de cette maison *Roger* de Montbray, dont la fille se fit religieuse, et à laquelle il donna pour dot son domaine de Grainville (arrondissement de Falaise). Le savant antiquaire désigne ce Roger comme seigneur d'Écouché, d'Almenèches, de Vignats, etc. Ce qui est relatif à la donation de Grainville et à la prise de voile de sa fille est attesté par la charte du roi et de la reine en faveur de l'abbaye ; mais nous ignorons sur quelle autorité s'est appuyé l'abbé De La Rue pour attribuer à ce seigneur un domaine que nous avons dit appartenir, à cette époque, au roi lui-même, et qui en disposait en faveur de cette abbaye par la même charte. Il y a évidemment une méprise que nous allons chercher à éclaircir. Le fils de Roger de Montbray, le donateur de Grainville, nommé Robert, comte de Northumberland, se révolta contre Guillaume-le-Roux, fils du

Hugues de Gournay, profitant des fêtes du mariage de sa sœur Gundrée avec Néel d'Aubigny, qui se célébraient à la Cour de Henri Ier., leva l'étendard de la révolte contre ce prince, se mit à la tête de nombreux complices, pour soutenir la cause du jeune Guillaume, fils du duc Robert. Après que cette cause fut perdue, Hugues fit sa soumission au roi, qui lui pardonna. Nous ne suivrons pas Hugues de Gournay dans toutes les phases de sa longue carrière, qui lui fit atteindre l'âge le plus avancé, puisqu'il mourut à 90 ans environ (1) ; il avait épousé Millesende de Marle,

Conquérant, et voulut s'emparer de forteresses royales voisines de son domaine d'Angleterre ; il fut vaincu et jeté dans les fers, où il mourut après 30 ans de captivité, vers l'année 1130. Ses biens confisqués furent donnés à Nigel ou Néel d'Aubigny par Henri Ier., devenu roi d'Angleterre. Peu de temps avant de tomber en captivité, Robert de Montbray avait épousé Mathilde, fille de Richer de Laigle, laquelle, après avoir langui plusieurs années dans l'abandon, obtint de se faire relever de ses serments, et les mœurs de l'époque lui permirent de contracter, du vivant de son mari captif, une nouvelle union avec ce Néel d'Aubigny, le détenteur des biens de Robert de Montbray. Ce nouvel époux la répudia plus tard pour épouser Gundrée de Gournay, la sœur de Hugues. Cette union donna naissance à un fils qui fut appelé Roger de Montbray (Guillaume de Jumiéges, l. VIII, ch. VIII, p. 254). Si Gundrée partagea les héritages paternels avec son frère, elle transmit sa part à son fils, et voici comment un Roger de Montbray put devenir seigneur d'Écouché ; mais ce n'est pas celui dont parle l'abbé De La Rue.

(1) Plusieurs généalogistes ont voulu attribuer les divers actes de cette longue carrière à deux personnages du même nom ; mais cette opinion ne peut être admise devant les preuves du contraire, fournies par M. Daniel Gurney ; une charte qu'il cite établit que le même

de la maison de Coucy ; elle était sœur de Raoul de Péronne, comte de Vermandois (1). Son fils lui succéda dans ses domaines, sous le même nom de Hugues.

Hugues de Gournay II. Ce seigneur se croisa, comme son aïeul Girard, et fit partie de l'expédition conduite par Richard Cœur-de-Lion et Philippe-Auguste. Nous le voyons cité parmi les chevaliers qui se distinguèrent au glorieux siége

---

Hugues de Gournay, qui prit parti en 1148 pour le jeune prince Guillaume, fils de Robert-Courte-Heuze, vivait encore vers l'année 1181. Voici ce document : « Sciant presentes et posteri, quod ego *Hugo de Gornaco, filius Girardi*, et simul mecum Hugo de Gornaco, filius meus, concedimus monasterio Beatæ Mariæ de Becco, et hoc sigillorum nostrorum munimine in perpetuam possessionem confirmamus omnia illa quæ antecessores nostri, id est Hugo de Gornaco et Basilia uxor ejus et Girardus eorum filius dederunt eidem monasterio (*Supplément*, p. 475). » Ainsi, Hugues qui, dès l'année 1112, avait ratifié les donations qui précèdent, et qui par conséquent ne pouvait avoir alors moins de 20 ans, aura atteint l'âge avancé que nous lui assignons (*Supplément* p. 746).

(1) Guillaume de Jumiéges, l. VIII, ch. vııı, p. 254. Plusieurs chartes corroborent ce fait; entr'autres, celle qui suit et qui prouve, en outre, que la famille de Gournay possédait, dans les environs d'Écouché, plusieurs fiefs : « Hugo de Gornaio omnibus fidelibus tam futuris quam presentibus salutem. Notum volo fieri universis quod ego et Millesendis uxor mea construximus ecclesiam beate Dei genitricis Marie et sancti Johannis Baptiste apud Goislum Fontanam..... (cui) donamus decimam de Loceio (Loucé) quam Oliverus de Agia (Auge) debet ...reddere, cum decima quatuor librarum, quas habet in thelonco Escocii (Écouché). » Cette charte, dont la date est fixée par M. Daniel Gurney entre 1164 et 1183, se lit à l'Appendice XX de son livre, n°. 2, p. 112 ; elle est copiée sur l'original conservé aux Archives de Rouen.

de St.-Jean-d'Acre, qui fut pris le 12 juillet 1192, après des prodiges de valeur de la part des chrétiens. Une fois maîtres de la ville, les deux souverains se la partagèrent, avec tout le butin qu'elle contenait. Drogon de Merlon, à la tête de cent écuyers, fut chargé par le roi de France de recueillir et garder la part des Français. Hugues de Gournay, avec le même nombre d'écuyers, s'empara de celle du roi d'Angleterre. Les combattants, se voyant ainsi frustrés de la part du butin sur laquelle ils comptaient, furent contraints de s'en revenir dans leur pays, accablés de misère (1). Cette expédition désastreuse se termina, pour Richard Cœur-de-Lion, par une dure captivité, à la suite de la tempête qui le jeta sur les rivages de la Hongrie. Philippe-Auguste s'attacha Hugues de Gournay. Après les démêlés qui eurent lieu entre les deux rois, la paix se fit en 1195, à St.-Hilaire, près de Louviers. Par l'article 11 du traité, Hugues de Gournay devint vassal du roi de France, à moins toutefois qu'il ne préférât retourner au service de son maître; dans tous les cas, ses terres de Normandie devaient, à sa mort, retourner à leur mouvance naturelle.

Lorsque le roi Jean succéda à son frère, il

---

(1) *Histoire de Normandie* par Dumoulin, l. XIII, p. 450.

renouvela avec Philippe-Auguste le traité de Louviers. Comme garantie, on échangea des otages, et Hugues fut au nombre de ceux du roi d'Angleterre, jusqu'au mémorable siége du Château-Gaillard, qui tomba entre les mains du roi de France en l'année 1202. Hugues avait été fidèle à son souverain; mais alors les chevaliers normands, indignés de la lâcheté et de l'incurie du roi Jean, se détachèrent de sa cause; de ce nombre fut Hugues de Gournay, qui ouvrit au roi de France les portes de Montfort-sur-Rille, qui lui était confié; mais, peu après, les troupes du roi Jean, ayant attaqué cette place, la reprirent. Philippe-Auguste se crut trahi par celui qui avait été traître en sa faveur; il ne lui pardonna jamais (1). Désormais le rôle des Gournay est fini en Normandie. Tous les biens de cette maison furent confisqués et réunis au domaine royal de France; Philippe les distribua successivement à ses chevaliers et aux Normands ralliés (2). Hugues de Gournay alla s'établir dans ses domaines d'Angleterre, où son illustre maison s'est perpétuée jusqu'à nos jours. Le seul souvenir qui s'attache à son nom, en qua-

(1) Dumoulin, *Histoire de Normandie*, l. XIII, p. 503.
(2) Voici la liste des fiefs de Hugues de Gournay, situés près d'Écouché, ainsi que les noms de ceux auxquels le roi les donna en récompense de leurs services, à la charge de les tenir féodalement de la Couronne. Nous lisons dans le Registre des fiefs de Philippe-Auguste,

lité de seigneur d'Écouché, a rapport aux largesses qu'il fit à diverses abbayes et à plusieurs maisons hospitalières, d'une partie des revenus qui en provenaient (1).

publié par M. Léchaudé-d'Anisy (*Mémoires de la Société des Antiquaires de Normandie*, t. XV, p. 176), la mention suivante : « Isti tenent de escaetis domini Regis » : Girard Boel (*) tient les 3/4 d'un fief, provenant de l'échoite au Roi, de Hugues de Gournay. Roger Duhomme, à ou auprès d'Écouché, 1/6 de fief. Nicolas d'Avoines tient 1/2 fief de la même origine. Adam de Cantelou tient de même 1/4 de fief à Cantelou (en Joué-du-Plain), et 1/6 de fief à Bons (arrondissement de Falaise).

(1) Voici une charte qui constate le don de soixante sous angevins à l'abbaye de la Trappe, pour l'acquisition de 3,000 harengs destinés à la nourriture des moines pendant le Carême : ce qui prouve que la règle était alors moins sévère qu'aujourd'hui, et fait tomber l'allégation de M. Collin de Plancy qui, dans la Bibliothèque des légendes, *Légendes des origines* (Henri Plon, 8, rue Garancière), dit que ce ne fut que vers le milieu du XVe siècle, que Benckels, pêcheur hollandais, inventa le procédé de saler et d'encaquer le hareng. « Universis.... quod ego Hugo de Gornaco donavi in perpetuam elemosinam monachis Sancte Marie de Trappa..... sexaginta solidos Andegavensium in prefectura mea de Ecocheio ad festum Sancti Andree. Quicumque eam teneat capiendos ad emendum allectium tria millia ad opus quadragesime, et nisi nuncius monachorum ea die vel in crastino quo illuc venerit dictam elemosinam habuerit, nuncius ille cum equo et famulo ad expensas prefecti plenarie erit, etc. » (Daniel Gurney, *Supplément*, p. 757).

(*) Ce Girard Boel était seigneur de Boucé ; il confirma, en 1217, le don que Guillaume Lesor, seigneur de Joué-du-Plain et du Désert fit de l'église de Joué-du-Plain à l'abbaye de St.-André-de-Gouffern, et de celle de St.-Pierre-de-Boucé à St.-Jean de Falaise. Girard prend dans ses chartes la qualité de suzerain de Guillaume Lesor, qu'il désigne comme son homme. Voyez le *Cartulaire de l'abbaye de St.-André*, f°. 57, Archives du Calvados, et un accord entre le seigneur de Boucé et les religieux de St.-Jean, au sujet du patronage de St.-Pierre-de-Boucé (Chartrier du château du Désert).

Philippe-Auguste ne disposa pas immédiatement de ce domaine ; il le conserva en sa possession pendant un certain nombre d'années ; aussi doit-il prendre rang parmi les seigneurs d'Écouché.

Philippe-Auguste, roi de France. Un des premiers actes du roi, relativement à son domaine d'Écouché, fut de le confier à la garde de Jourdain, évêque de Lisieux, pour rendre compte de ses revenus à l'Échiquier de Caen (1).

Au nombre des seigneurs qui avaient aidé le roi de France à s'emparer de la Normandie, il faut mentionner en première ligne le comte d'Alençon, Robert III. La mort ne le laissa pas profiter des

Hugues dota également l'hôpital St.-Thomas de Lisieux d'un mille d'anguilles, à prendre sur son domaine d'Écouché. Voici sa charte : « Omnibus ad quos..... Hugo de Gornaco salutem. Scialis quod ego Hugo pro salute..... dedi et concessi Deo et Beate Marie et Sancto Thome et hospitali Lexoviensi et infirmis ibi jacentibus, unum milliarium anguillarum reddendum annuatim ad festum Sancti Andree. *in castro meo de Eschociaco.* Et sciendum quod quicumque tenet preposituram meam de Escociaco illum reddet nuntio prefati hospitalis. Quod ut ratum et inconcussum (maneat), sigilli mei impressione corroboravi. Test. Will. Marescallo comite. Will. de Kaen. Stephano de Longo Campo. Henrico Biset. Ricardo Malovicino et multis aliis. Actum anno Verbi incarnati m° cc° primo apud Orbec mense novembris (Pièce originale scellée, fonds de l'hôpital de Lisieux, aux Archives du Calvados).

(1) Cette Commission (custodia commissa), adressée par le roi, de Gonneville-sur-Saires et datée du 3 novembre ou du 1er. décembre 1203, confirme que les Gournay ne possédaient plus que la moitié d'Écouché : « *medietatem de Cuscy*, que fuit Hugonis de Gornay. » Voyez une pièce publiée par M. Léchaudé-d'Anisy, dans les *Mémoires de la Société des Antiquaires de Normandie*, t. XV, p. 130.

faveurs du roi : elle vint le frapper en 1217, le 8 septembre, à Morteville près de Laval. Emma de Laval, sa veuve, se déclara enceinte : on nomma des sages-femmes pour constater son état, et on la confia à leur garde pour éviter la fraude. La princesse donna le jour à un fils qui porta le nom de Robert IV. Cet enfant mourut à la fin de 1219. En lui s'éteignit la ligne masculine des comtes d'Alençon.

La famille se trouvait représentée par les trois sœurs de Robert III, ou leurs enfants : Philippe-Auguste saisit l'occasion de contraindre ces héritiers à se démettre, en sa faveur, du comté d'Alençon (1). C'étaient Aymeri, vicomte de Châtellerault, représentant Hella, qui avait épousé Hugues II, vicomte de Châtellerault, décédée ; Robert ou Robin Mallet, seigneur de Graville, représentant sa mère, Philippe, qui avait épousé Robert Mallet, également décédée, et Ela, mariée à

---

(1) Cette charte est souscrite par les trois branches d'héritiers du comte d'Alençon ; elle débute ainsi : « Ego Hemericus vicecomes Castri Erandi et Ela soror Roberti quondam comitis de Alençon et Robertinus Mallet..... ». Elle est datée de Nogent-le-Rotrou, du mois de janvier 1220, et se trouve intégralement reproduite dans l'*Histoire du Perche* de Bry de La Clergerie, p. 232. Sur l'exemplaire que nous avons consulté, appartenant à M. de Nollent, d'Alençon, on lit en marge la note suivante, d'une ancienne écriture : « Le registre où ceste charte est inscripte, est intitulé Regestrum velutum, gardé en la Ste.-Chapelle de Paris. »

Robert, fils Erneis (1), qui soutenait elle-même son droit (2).

Nous ne savons si Philippe-Auguste accorda quelque compensation à ce sacrifice ; néanmoins les héritiers du comte d'Alençon conservaient quelques débris de leur patrimoine, entr'autres la petite ville d'Essay. Comme cette place était fortifiée, le roi voulut la leur retirer, dans la crainte qu'ils n'en abusassent pour chercher à rentrer dans les domaines concédés ; il l'échangea avec eux contre des biens d'un revenu équivalent, au nombre desquels était l'ancien domaine de Hugues de Gournay, dans la seigneurie d'Écouché (*in honore Escocheio*), auquel il joignit des

---

(1) Ce Robert Erneis descendait de ce Raoul l'Angevin, fondateur de l'abbaye de Fontenay près de Caen et l'un des compagnons de Guillaume à la Conquête. Sa postérité se divisa en deux branches, les Tesson et les Erneis. Voici une charte de l'époux d'Ela, qui précise son degré de parenté avec Raoul l'Angevin : « Hanc autem cartam ego Robertus filius Ernesii sextus, a Roberto filio Ernesii primo, nepos Radulfi Taxonis, filii Jordani Taxonis (*Gallia christiana, Instrumenta ecclesiæ Baiocensis*, c. 97, E.).

(2) Les généalogistes, se copiant les uns les autres, d'après Bry de La Clergerie, avaient confondu en une seule et même personne Hella (*) et Ela, d'où il résulterait une obscurité que chacun épaississait encore par ses suppositions et ses systèmes basés sur l'erreur. Odolant Desnos, à l'aide de nombreuses chartes, a parfaitement élucidé la question qui n'offre plus aucune difficulté.

(*) Ce nom de Hella est emprunté à une divinité scandinave. C'était la divinité des enfers (*Études germaniques pour servir à l'histoire de France*, par Ozanam, t. I, p. 60).

3

portions de forêt du comté d'Alençon. Le contrat de cet échange fut passé en 1220 (1). Peu après, les cohéritiers procédèrent entr'eux au partage de la succession ; Écouché échut à Ela.

Ela ou Ala d'Alençon. Le roi lui confirma la propriété de ce domaine, par acte du 22 avril 1222 (2) ; elle fut en outre propriétaire des seigneuries de Mortrée, de la Roche-Mabile et d'Almenèches. Cette dame n'était pas encore veuve à l'époque des partages ; mais elle dut le devenir peu de temps après, alors qu'un de ses premiers actes, comme propriétaire du domaine d'Écouché, fut d'accorder la franchise des coutumes de cette seigneurie aux moines de l'abbaye de St.-André-de-Gouffern (3), fondée par un de ses ancêtres, Guillaume III, comte de Ponthieu. Elle affectionna particulièrement son neveu Robin Mallet, auquel elle voulut donner, de son vivant, sa seigneurie d'Écouché, à l'exclusion de ses autres héritiers ; mais elle ne put accomplir cette libéralité, parce que sa fa-

---

(1) Nous donnons, à l'Appendice, n°. 2, la traduction de cette curieuse charte, qui mentionne l'importance des revenus d'Écouché au commencement du XIII°. siècle.

(2) Voir, à l'Appendice, la pièce n°. 3.

(3) Voici la charte sans date qui indique ce fait : « Sciant omnes presentes et futuri, quod ego Ala domina de Almenesch, tempore viduitatis mee dedi et concessi Deo et Beate Marie et conventui Sancti Andree de Goff. plenam quittanciam et libertatem tam in villa mea de Escoche quam alibi per totam terram meam..... » (*Cartulaire de St.-André-de-Gouffern*, f°. 170 r°. Archives du Calvados).

mille s'y opposa, et fit annuler ce projet de donation par un arrêt de l'Échiquier de Normandie, tenu à Caen en 1224 (1). Cette Cour préparait ainsi, par ses décisions, la jurisprudence qui se résuma plus tard dans la Coutume écrite.

Ela, veuve sans enfants, mena une vie retirée, consacrée aux bonnes œuvres; entre autres, elle dota l'hôpital de Mortrée, érigé sur son domaine (2). Sa résidence habituelle fut le château d'Almenèches, dont elle porta le nom, aux portes duquel s'élevait le monastère de Bénédictines, relevé de ses ruines par un de ses ancêtres, le célèbre Roger de Montgommery. Nous sommes porté à croire, sans toutefois l'affirmer, qu'Ela termina ses jours dans le sein de cette communauté, sinon en qualité d'abbesse, du moins comme simple religieuse, vers l'année 1233 (3). Après sa

---

(1) Voici le texte de cet arrêt: « Nullus potest uni eorum qui ei succedere debent, aliquid dare vel vendere de his que jure hereditatis debent ad eos advenire, ita quod partem alterius diminuat, ut fuit judicatum de filio Maleti, cui domina Ala dederat Escochium (*Grands Rôles normands*, publiés par M. Léchaudé-d'Anisy, dans les *Mémoires de la Société des Antiquaires de Normandie*, t. XV, p. 145).

(2) *Almanach Argentenais pour l'année* 1842, par M. L.-J. Chrétien, p. 176.

(3) L'abbé Hébert, auteur d'une *Histoire* manuscrite *du diocèse de Séez*, conservée à la bibliothèque de Falaise, cite un Nécrologe d'Almenèches, où il a trouvé la mention suivante: « Pro anniversario domine Hele de Almeneches et Edeline monache Benedicte sancte Marie de Almeneschis. » Est-il question, dans ce passage, d'Ela comme religieuse,

mort, les terres d'Écouché, de Mortrée, d'Almenèches et de La Roche-Mabile passèrent à son neveu, Aymery de Châtellerault.

Aymeri, vicomte de Châtellerault. Ce seigneur ne laissa pour lui succéder qu'une petite-fille, nommée Jeanne, à qui échurent les domaines normands d'Ela.

Jeanne de Châtellerault. Jeanne, devenue veuve de son premier mari, épousa, en secondes noces, Jean II, sire d'Harcourt, maréchal et amiral de France, auquel elle apporta ses terres, qui passèrent à leur fille aînée. Celle-ci portait le même prénom que sa mère, qui mourut le 16 mai 1313 (1).

Jeanne d'Harcourt. Elle contracta alliance avec un puissant seigneur de Bretagne, nommé Henri IV d'Avaugour, descendant de l'illustre maison de Penthièvre, et proche parent du duc de Bretagne ; c'était un seigneur magnifique dans ses habitudes.

---

ou comme bienfaitrice ? On peut aussi bien se prononcer pour que contre. Les auteurs du *Gallia christiana* désignent, pour 6e. abbesse d'Almenèches, « Mathildis II, quæ composuit cum Rogerio abbate Sancti Audoeni, anno 1157 » ; et pour 7e., Mabile de Saint-Loyer, qui était en charge en 1235. Il y a une telle distance entre ces deux abbesses, qu'il doit y avoir entr'elles une lacune d'une ou même de plusieurs titulaires. Si Ela fut promue à cette dignité, elle pourrait trouver sa place dans cet intervalle.

(1) Voir, à l'Appendice, n°. 4, un acte de propriétaire dans le domaine d'Écouché, exercé par Jean d'Harcourt et Jeanne de Châtellerault, en l'année 1308. Le *Dictionnaire de la noblesse* de La Chesnaye-Desbois marque la mort de Jean II d'Harcourt en 1302 ; cette date est donc fautive.

Se trouvant, en l'année 1316, à Tours, à la suite du duc de Bretagne, pour prendre part aux joûtes d'un tournoi, il y montait un si beau cheval, que le duc en fut épris et lui en offrit 300 livres parisis. Le prince, ne pouvant payer immédiatement cette somme, en souscrivit une obligation pour la Mi-Carême suivante. Henri d'Avaugour n'eut que deux filles, de son union avec Jeanne d'Harcourt; il mourut en 1331, et fut inhumé aux Cordeliers de Guingamp (1). Sa veuve, Mme. Jeanne d'Harcourt, vécut jusqu'en 1334, et conserva la propriété et la jouissance des terres d'Ela d'Alençon, jusqu'à sa mort (2). Des deux filles de Henri d'Avaugour, l'aînée seule se maria : elle épousa Guy de Bretagne, fils puîné d'Arthur, duc de Bretagne ; mais Henri et Jeanne eurent la douleur de perdre leur gendre et leur fille, qui précédèrent le comte d'Avaugour dans la sépulture de famille des Cordeliers de Guingamp (3).

Cette courte union n'avait pas été stérile : elle avait donné le jour à une fille qui joua un bien grand rôle dans l'histoire ; elle se nomma Jeanne de Penthièvre, épousa Charles de Blois, et chacun

---

(1) D'Argentré, *Histoire de Bretagne*, l. IV, p. 230.
(2) Voir, à l'Appendice, les lettres d'amortissement que cette dame consentit, du terrain sur lequel fut fondé l'hospice d'Écouché, en 1336, n°. 5, B.
(3) D'Argentré, *Histoire de Bretagne*.

connaît la grande lutte que cette énergique femme soutint contre Jean de Montfort, son compétiteur au duché de Bretagne, devenu vacant par la mort du duc Jean III. Jeanne de Penthièvre hérita des terres normandes qui avaient appartenu à sa mère.

Jeanne de Penthièvre, comtesse de Blois. Nous ne pouvons faire entrer dans notre cadre les péripéties de cette lutte acharnée, qui se prolongea pendant l'espace de vingt-trois ans et inonda de sang la Bretagne et la Normandie. Nous rappellerons seulement que les deux antagonistes, soutenus par leurs épouses, qui jouèrent le principal rôle dans ce grand drame, succombèrent tous deux, et que ce fut le fils de Montfort qui recueillit le prix de tant de sacrifices. La bataille d'Auray, livrée le jour St.-Michel 1364, coûta la vie au chevaleresque Charles de Blois, qui se fit tuer, ainsi qu'il l'avait juré à la comtesse, au moment de monter à cheval, pour aller combattre. Ce prince, digne d'un meilleur sort, fut vénéré comme un saint par ses fidèles Bretons.

Cette bataille donna lieu au fameux traité de Guérande, par lequel la comtesse de Penthièvre renonça, pour l'avenir, à ses prétentions sur le duché de Bretagne. Elle conserva la possession de son comté de Penthièvre, ainsi que de plusieurs autres domaines importants. Ses héritages normands restèrent en sa possession jusqu'à sa mort, qui arriva en 1381. Elle avait eu de son mari, le comte de Blois, deux fils qui gémirent dans une longue captivité en Angleterre. Elle ne put jamais les en arracher, faute d'être à même d'acquitter l'énorme rançon que ses implacables ennemis exigeaient. A la mort de la comtesse, il n'existait plus que celui qu'on nommait Jean, qui hérita de ses domaines.

Jean de Blois, comte de Penthièvre. Voici à quelles circonstances ce malheureux prince dut sa liberté. Olivier de Clisson, connétable de France, ne pouvait pardonner au duc de Bretagne la perfidie dont il avait usé à son égard, en le faisant traîtreusement capturer à son château de l'Hermine, où il s'était rendu sur son invitation et avait été en grand danger de perdre la vie; il entrevit une occasion de se venger et de satisfaire son ambition, en faisant épouser à sa seconde fille, Marguerite, l'héritier de la maison de Penthièvre, la victime d'une cause qui pouvait se relever, quoiqu'en apparence perdue. Le connétable fit le voyage d'Angleterre, alla trouver le captif et lui offrit sa délivrance, à la condition qu'il épouserait sa fille; ce qui fut aussitôt accepté. Clisson paya la rançon, et Jean de Penthièvre put rentrer en Bretagne après une détention de 19 ans. Le mariage s'accomplit à Moncontour, en janvier 1387 (1).

(1) D'Argentré, l. IX, p. 453.

L'ambition de Marguerite surpassait celle de son père. Cette union lui ouvrit la perspective d'un trône ducal, en ravivant les prétentions qui avaient été déjà si fatales à la maison de Penthièvre. Son mari ne partageait point ses prétentions exagérées; il s'en rapportait en tout au connétable pour le maniement de ses affaires. Après quelques agitations suscitées par son beau-père, Jean de Penthièvre fit sa paix avec le duc, à Tours, où il ratifia le traité de Guérande, en présence du roi de France, le 26 janvier 1391, et renonça même, par un article spécial, à blasonner son écu des pleines armes de Bretagne (1).

Jean termina son existence à Lamballe, le 16 janvier 1403, et fut inhumé dans la sépulture de ses pères, aux Cordeliers de Guingamp. Il laissa quatre fils: Olivier, Jean, Charles, Guillaume, et une fille. L'aîné lui succéda au comté de Penthièvre.

Olivier de Blois, comte de Penthièvre. Après la mort du connétable, Marguerite de Clisson, ne se sentant plus contenue, donna l'essor à ses vastes projets. Le duc Jean V venait de succéder à son père; elle profita de l'éloignement de ce jeune prince pour agiter le pays; mais, lorsqu'il revint, feignant le repentir, elle sollicita son

---

(1) D'Argentré, l. IX, p. 478.

pardon qu'elle obtint. Elle engagea même, à cette occasion, le duc à des fêtes qu'elle préparait à son château de Chantoceaux. Celui-ci, malgré les avertissements qui lui furent donnés, rempli de confiance, alla tomber dans le guet-à-pens que lui tendait la comtesse de Penthièvre. Il se mit en marche presque sans suite, sur l'instance que lui en fit en personne Olivier de Penthièvre, le 13 février 1419, et en sa compagnie. Après avoir passé Loroux-Bottereau, comme il traversait un pont, il fut séparé de ses officiers ; une troupe d'hommes armés se jeta sur lui et le saisit ; il fut garrotté, et porté sur un mauvais cheval jusqu'à Chantoceaux, où il fut jeté dans un noir cachot. Là, il endura les plus mauvais traitements.

Le pays s'émut d'un si coupable attentat ; les Bretons s'armèrent pour arracher leur jeune duc aux mains de ses ennemis. L'armée fidèle se présenta devant la forteresse de la comtesse de Penthièvre, bien résolue à résister. Malgré les efforts de cette forcenée et de ses fils, le château fut emporté d'assaut, le 7 juillet 1420, et le duc fut rendu à la liberté. Le repaire fut rasé, et le procès intenté aux Penthièvre amena la confiscation de leurs biens : la ruine de cette famille fut accomplie sans retour (1).

(1) D'Argentré, l. X, p. 509.

Le fils aîné, Olivier, parvint à se soustraire aux recherches de la justice, qui avait prononcé contre lui la peine de mort. Réfugié d'abord dans sa vicomté de Limoges, il ne s'y crut pas en sûreté, se retira dans sa terre d'Avesnes, en Hainaut, où il se maria et mourut sans postérité (1). Le coup qui avait frappé Olivier, relativement à ses biens de Bretagne, vint l'atteindre même dans ceux de Normandie, qu'il tenait de la succession de sa grand'mère, Jeanne de Penthièvre, comtesse de Blois. Henri V, roi d'Angleterre, après la conquête de la Normandie en 1417, poursuivit dans Olivier la race des Penthièvre, qui s'était toujours trouvée parmi les ennemis des Anglais. Il confisqua ses biens pour les donner à un de ses chevaliers (2), que nous ferons figurer parmi les seigneurs d'Écouché, qu'il posséda réellement.

---

(1) D'Argentré, l. X, p. 520.

(2) Voici la traduction des lettres-patentes de concession des domaines d'Olivier de Penthièvre à Henri, Filz Hugh : « Sachez tous que, pour récompenser les bons et loyaux services de notre chevalier Henri, Filz Hugh, notre chambellan, nous lui avons concédé de notre grâce spéciale les terres et biens ayant appartenu au comte de Penthièvre, dans notre duché de Normandie, nommés *Auménaiches, Rochemabel, Morterée et Escoché*, ainsi que tous les manoirs, terres, tènements et rentes qui ont appartenu, tant audit comte qu'à Marguerite de Clisson, comtesse de Penthièvre, sa mère, etc. (*Grands Rôles de l'Échiquier de Normandie*, Appendices publiés par M. Léchaudé-d'Anisy, dans les *Mémoires de la Société des Antiquaires de Normandie*, t. XV, p. 261, col. 2).

Henri, Filz Hugh, chevalier, chambellan du roi d'Angleterre. Nous n'avons aucun détail sur les rapports de cet étranger avec le pays. Il jouit probablement des terres concédées jusqu'à l'expulsion des Anglais de la Normandie, en 1450; alors elles furent rendues par Charles VII à Jean de Bretagne, le frère puîné d'Olivier de Penthièvre, devenu son héritier.

Jean de Bretagne, comte de Penthièvre. Ce prince ayant fait sa soumission à François Ier., duc de Bretagne, son comté de Penthièvre lui fut rendu. Fidèle aux traditions de sa race, il fut un des champions de Charles VII contre les Anglais. Il les combattit valeureusement en Guyenne, et contribua à la prise de Bordeaux, en 1454. Il mourut, cette même année, sans laisser d'enfants de son union avec Marguerite de Chauvigny (1).

Ici, nous perdons la trace de cette lignée non interrompue de seigneurs qui se sont transmis les terres de la maison d'Alençon. Nous allons rencontrer un acte authentique qui nous donnera, comme propriétaire de ces domaines, le nom d'une dame qui n'a plus de rapport avec les comtes de Penthièvre.

Jetons un regard sur ce qui reste des membres de cette famille, afin de nous assurer qu'ils sont

---

(1) *Art de vérifier les dates*, Chronique historique des vicomtes de Limoges, p. 398.

étrangers à ce nouveau seigneur. Le troisième fils de Jean de Penthièvre est connu sous le nom de Charles de Blois, seigneur d'Avaugour. Il fut impliqué dans le procès intenté à sa famille, par suite du guet-à-pens de Chantoceaux. Il était mort en 1434, ayant laissé d'Isabeau de Vivonne une fille, nommée Nicolle, qui épousa, le 18 juin 1437, Jean de Brosse, lequel continua les comtes de Penthièvre (1).

Le dernier, Guillaume de Blois, avait été donné en otage par ses frères, en 1421, au duc de Bretagne, à la suite de leur attentat, dont il porta la peine, quoiqu'il n'y eût point pris part. Resserré pendant 28 ans dans une étroite prison, il y répandit tant de larmes, qu'il en perdit la vue. Mis enfin en liberté, il épousa Isabelle, fille du comte de Boulogne et d'Auvergne, Bertrand Ier. Il naquit de ce mariage trois filles, qui, non plus que Nicolle, n'ont, à notre connaissance, aucun rapport avec la vicomtesse de Thouars, que l'acte dont nous avons parlé plus haut désigne comme dame d'Écouché, et dont la succession était ouverte en 1487 (2).

A cette époque, nous ne connaissons, pour vi-

---

(1) *Histoire générale de la maison de France*, par le P. Anselme, t. VI, p. 105.

(2) Aveu de la seigneurie d'Écouché, pour l'année 1487 ; Appendice, n°. 6, A.

comtesse de Thouars, que Marguerite d'Amboise, sœur puînée de François d'Amboise, duchesse de Bretagne, par conséquent belle-sœur du duc; elle épousa, le 22 août 1446, Louis Ier., sire de La Trémouille, auquel elle apporta la vicomté de Thouars. Nous ne pouvons expliquer comment les terres normandes des Penthièvre lui arrivèrent.

Mme. la vicomtesse de Thouars. Après la mort de cette dame, les aveux font mention, sans autre désignation, de ses ayant-cause et héritiers, comme seigneurs de la moitié du domaine d'Écouché; mais il ne resta pas long-temps dans leurs mains : il passa, nous ne savons à quel titre, dans celles du roi de Navarre, Henri II.

Henri II, roi de Navarre. Ce prince, qui fut l'époux de la célèbre Marguerite d'Angoulême, duchesse d'Alençon, si connue sous le nom de Marguerite de Navarre, fit don des terres d'Almenèches et d'Écouché à don Félix de Foix, bâtard, son cousin naturel, grand écuyer de Navarre et vicomte de Narbonne (1).

Don Frédéric, bâtard de Foix. Ce seigneur épousa la seconde fille de François de Silly, bailli

---

(1) *Histoire générale de la maison de France,* par le P. Anselme, t. III, p. 375, B. Frédéric de Foix était fils naturel de Jean de Foix, comte d'Étampes et de Narbonne ; il était aussi le frère naturel du célèbre Gaston de Foix, duc de Nemours, tué à Ravenne en 1512. Henri II, roi de Navarre, était fils de la sœur de Gaston de Foix (Voir le *Dictionnaire* de Moréri).

de Caen, seigneur de Lonray, etc., et d'Aimée de La Fayette, à laquelle le roi de France, François Ier., avait donné Laigle, confisqué sur les Penthièvre, en reconnaissance des soins et des services que cette dame lui avait rendus, pendant sa captivité et sa maladie à Madrid, lorsqu'elle accompagna, dans ce voyage, la sœur du roi, Marguerite d'Angoulême, duchesse d'Alençon (1). Frédéric de Foix ne laissa qu'une fille, nommée Jeanne, qui porta la qualification de dame d'Almenèches.

Jeanne de Foix, dame d'Almenèches. Son père était mort en 1537, et elle était encore mineure en 1552. En effet, sa mère s'étant remariée à Jean de Bourbon, vicomte de Lavedan, sa grand'mère, Aimée de La Fayette, faisait acte de propriétaire

---

(1) Aimée de La Fayette, fille de Gilbert Moustier de La Fayette et d'Isabelle de Polignac, fut dame d'honneur de la reine de Navarre et gouvernante de sa fille, qui devint Jeanne d'Albret (*). Aimée de La Fayette avait perdu son mari à la bataille de Pavie ; elle mourut au château de Pau, le 24 août 1556 (P. Anselme. t. VII, p. 60, B).

(*) A l'appui de ce fait, nous citerons la quittance suivante, extraite du livre de comptes de Jehan de Frotté, secrétaire de la reine de Navarre, et conservé au château de Couterne : « Du xxviie. jour d'aoust 1544, dépesché une quit-
« tance par laquelle, après avoir fait voir à la Royne, à M. le chancelier
« d'Alençon et à son Conseil, la dépense de la somme de cinq mille livres,
« reçue par Aimée de La Fayette, gouvernante de Madame la Princesse de
« Navarre, de la pension faite par le Roi à ladite dame Royne, et par les
« quittances pour les années 1546 et 47, ycelle somme employée par ordon-
« nance de ladite dame Royne en la dépense ordinaire et extraordinaire,
« argenterye et menus plaisirs de ycelle dame princesse de Navarre, etc. »

en son nom, comme ayant la garde-noble de la fille mineure de don Félix de Foix, son gendre (1).

Jeanne eut la survivance de sa grand'mère, dans la charge de gouvernante de la princesse de Navarre, depuis Jeanne d'Albret, mère de Henri IV; elle hérita, de son père, des terres d'Almenèches et d'Écouché, qu'elle apporta à Armand de Gontaut, seigneur de Badefou, qu'elle épousa. Ce personnage est qualifié par les généalogistes de seigneur de St.-Genicz, de la Capelle et d'Audeau, baron de Badefou, d'Aumenesches et d'Écoché en Normandie; il fut fait sénéchal de Béarn en 1564, chevalier de l'ordre du roi en 1565, gentilhomme ordinaire de la chambre et conseiller de la reine en son privé conseil en 1567, capitaine de cinquante hommes d'armes des ordonnances du roi en 1569. Il fut, en outre, conseiller et chambellan du duc d'Anjou, frère du roi. Son testament est daté du 28 septembre 1591 (2). L'aîné des enfants sortis de ce mariage hérita des terres d'Almenèches et d'Écouché; il se nommait Hélie.

Hélie de Gontaut. Il fut chambellan ordinaire du duc d'Alençon, depuis 1576 jusqu'en 1583. Il épousa Jacqueline de Béthune, fille de François de Béthune, baron de Rosny, sœur du fameux

---

(1) Voir, à l'Appendice, l'aveu rendu par cette dame, n°. 6, C.
(2) P. Anselme, t. VII, p. 322-323.

Sully, ministre de Henri IV, par contrat passé à Falaise, le 24 octobre 1584.

On pourrait, sans trop d'invraisemblance, expliquer les tendances protestantes des bourgeois d'Écouché, à cette époque, et surtout leur dévouement à la cause de Henri IV, par l'influence que cette famille dut exercer sur eux. Hélie de Gontaut mourut le 11 mars 1598 ; il avait fait, dès 1585, un accord avec ses frères, ratifié par sa femme, qui rendit celle-ci propriétaire, après le décès de son mari, des domaines d'Écouché et d'Almenèches (1).

Jacqueline de Béthune. Après la mort d'Hélie de Gontaut, sa veuve se remaria avec Jean de Gontaut de Biron, baron de Brisambourg, cousin du défunt. Le réglement d'intérêts avec les frères de son premier mari n'était pas encore terminé : cela devait lui susciter de grandes difficultés. Le puîné, Armand de Gontaut, lui réclamait une somme de 1,000 livres, à cause d'un legs particulier que lui avait fait son père ; il poursuivit sa belle-sœur pour le recouvrement de cette

---

(1) P. Anselme, t. VII, p. 322, 323. Jacqueline de Béthune vendit, à la date du 1er. janvier 1610, au baron de Médavy, les fiefs de Penthièvre et de Bonnemain, sis au duché d'Alençon, pour la somme de 13,800 livres, et la seigneurie et chastel Lès-Almenèches, pour le prix de 18,000 livres, à Centurion de Saint-Agnan. Ainsi s'accomplissait l'éparpillement des domaines d'Ela d'Alençon, conservés si long-temps dans une même main.

somme, et malgré l'opposition qu'elle fit, ainsi que son mari, le baron de Brisambourg, la terre d'Écouché fut frappée de décret par un arrêt du bailli d'Argentan, en date du 4 avril 1607. Le jugement ordonna la vente aux enchères de la moitié indivise de ladite baronnie, ce qui fut exécuté le 23 mai 1607. Messire Gabriel de Montgommery, chevalier, seigneur châtelain de Ducé, se rendit adjudicataire de cette moitié du domaine d'Écouché, au profit commun des créditeurs, pour le prix de 20,000 livres (1).

Avant de nous occuper de ce nouveau seigneur d'Écouché, nous allons remonter les âges, pour prendre à son origine cette autre branche de seigneurs, que nous avons vue commencer à l'ouverture de la succession de Girard de Gournay, pour la suivre jusqu'au dernier membre, qui céda également cette seconde moitié d'Écouché à ce même Gabriel de Montgommery qui en devint ainsi seigneur unique.

A cause de l'incertitude du point de départ de cette division, nous ne pouvons suivre les phases de transmission entre les membres de cette seconde branche, pendant le cours du XIIe. siècle; ce n'est qu'au début du XIIIe., à l'époque de la

---

(1) L'expédition de ce jugement, ainsi que celle du procès-verbal d'adjudication du domaine d'Écouché, sont conservées au chartrier de la Motte-Lézeau, commune de Joué-du-Plain.

conquête de la Normandie par Philippe-Auguste, que nous poserons un jalon qui sera notre point de départ et nous permettra de suivre sans lacunes la suite des seigneurs de cette portion du domaine d'Écouché. Dans l'acte de cession de cette seigneurie, saisie sur Hugues de Gournay et concédée aux héritiers du comte d'Alençon, nous trouvons le nom de Guillaume de Tilly, comme possédant une prévôté dans ce domaine, ce qui en représente justement la moitié indivise (1).

IV. — SEIGNEURS D'ÉCOUCHÉ, 2e. BRANCHE.

Guillaume de Tilly, seigneur de Tilly, Gul, Fontaine-Henri, Écouché, etc. Ces domaines passèrent successivement à son fils aîné, Jean.

Jean Ier., seigneur de Tilly, etc. Son fils, Jean II, en hérita après lui.

Jean II, seigneur de Tilly (2). Il transmit ses domaines à Jean III.

Jean III, seigneur de Tilly (3). A celui-ci succéda Jean IV.

Jean IV, seigneur de Tilly. Ce personnage,

---

(1) Voir, à l'Appendice, cet acte de cession, n°. 2, A.
(2) Voir, à l'Appendice, la confirmation d'une rente, en 1302, sur le domaine d'Écouché, par Jean de Tilly, n°. 4, B.
(3) Ibid., voir l'amortissement d'un héritage à Écouché en 1336, pour l'hospice, par Jean III, n°. 5, B et C.

chef de la branche aînée de la noble famille de Tilly, mourut en 1382, ne laissant, pour lui succéder dans ses riches domaines, qu'une fille, issue de son mariage avec Luce de Beaufou, dame de ce lieu, de Beuvron, etc.; elle se nommait Jeanne.

Jeanne de Tilly. Cette dame réunit ainsi sur sa tête tous les riches domaines de la maison de Tilly, qu'elle porta dans celle d'Harcourt, par son mariage avec Philippe d'Harcourt, troisième fils de Jean V (1), et de Blanche de Ponthieu, comtesse d'Aumale, baronne de Montgommery, de la maison de Castille (2).

Philippe d'Harcourt était né en 1345, et par conséquent n'avait que dix ans lors de la mort violente de son père, exécuté à Rouen, sans autre

(1) Jean V d'Harcourt eut trois fils, qui ont formé autant de branches. L'aîné, Jean VI, comte d'Harcourt, épousa, en 1374, Catherine de Bourbon, sœur puînée de Jeanne de Bourbon, reine de France, épouse de Charles V. Les mâles de cette branche ont fini en la personne de Jean VII, qui épousa Marie d'Alençon. Leur fille unique, Marie d'Harcourt, s'unit à Antoine de Lorraine, comte de Vaudemon, en 1440, et porta, par cette alliance, le comté d'Harcourt dans la maison de Lorraine. Le puîné, Jacques d'Harcourt, fut la souche de la branche des Montgommery-d'Harcourt. Cette ligne s'éteignit à la troisième génération. Nous y reviendrons plus loin, lorsque nous aurons à parler des Montgommery. Le troisième fils de Jean V fut Philippe d'Harcourt, dont nous nous occupons. Il fut l'origine des barons de Bonnétable, qui devinrent plus tard la branche aînée de cette famille, par l'extinction des deux premières (Voir les lettres-patentes de novembre 1700, pour l'érection du duché d'Harcourt. P. Anselme, t. V, p. 115).

(2) La Rocque, *Histoire de la maison d'Harcourt*, t. I, l. X, p. 747.

forme de procès, pour avoir pris part à l'assassinat de Charles d'Espagne, dans le château de Laigle, à l'instigation de Charles-le-Mauvais, roi de Navarre. Malgré la disgrâce qui s'ensuivit pour la famille des d'Harcourt, les enfants de Jean V rentrèrent plus tard dans les biens de leur père, qui avaient été confisqués. Philippe, devenu baron de Bonnétable et d'Écouché, par Jeanne de Tilly, sa femme (1), en resta possesseur pendant sa longue carrière; car il existait encore en 1417, lors de l'invasion anglaise, et nous le retrouvons, à cette époque, luttant contre ces étrangers, malgré ses 72 ans : ce qui lui attira, de la part de Henri V, la confiscation de tous ses biens compris dans le duché de Normandie, biens que ce monarque conféra à un chevalier anglais, nommé *Jean Gray* (2).

(1) Voir, à l'Appendice, le procès entre Philippe d'Harcourt et les moines de Silly, relativement à une rente assise sur la prévôté d'Écouché, commencé en 1384, terminé en 1404, n° 4, D. Ce personnage eut également des contestations avec les moines de l'abbaye de St.-Florent, relativement au patronage de l'église auquel il prétendait sans droit.

(2) Ce fait résulte des lettres-patentes de Henri V, délivrées au château d'Alençon, le 24 novembre 1417, dont voici la traduction: « Le Roi, etc. « Sachez tous que, de notre grâce spéciale, nous avons donné et concédé « à notre amé et féal Jean Gray, chevalier, le château et domaine de « Tilly, ayant appartenu à Philippe d'Harcourt, chevalier, qui tient « encore contre nous, ainsi que toutes les terres, manoirs, tenements, « etc., qui lui ont appartenu, dans notre duché de Normandie » (*Rôles normands* publiés par M. Léchaudé-d'Anisy, dans les *Mémoires de la Société des Antiquaires de Normandie*. t. XV, p. 252).

Nous ne devons pas compter au nombre des seigneurs de la seconde moitié d'Écouché le fils aîné de Philippe, Girard d'Harcourt, parce qu'il mourut avant son père, ayant été tué à la bataille d'Azincourt en 1415 (Monstrelet). Mais, comme il avait été marié avec Marie de Graville, dame de Lougé, de St.-Ouen, de Gul, fille de Jean Mallet, seigneur de Graville, grand panetier, et grand maître des Arbalétriers de France, et descendant des anciens comtes d'Alençon (1), il avait laissé deux fils : Jean d'Harcourt, baron de Bonnétable, et Jacques, baron de Beuvron. Jean continua les seigneurs d'Écouché.

Jean d'Harcourt, baron de Bonnétable (2). Il épousa, le 20 août 1453, Catherine d'Arpajon. De ce mariage naquirent cinq fils : l'aîné, François d'Harcourt, prit, à la mort de son père, la qualification de baron de Bonnétable, d'Écouché, de Lougé, seigneur de Sevrai. Il fit même acte de propriétaire, dans le domaine d'Écouché, en 1487 (3); mais il n'y avait encore rien de définitif entre les cinq héritiers dans les arrangements relatifs à la succession de leur père et de leur mère; car, en

---

(1) P. Anselme, t. V, p. 139, 145.
(2) Voir, à l'Appendice, n°. 7, A, l'aveu rendu à Jean par ses vassaux de Sevrai.
(3) Voir, à l'Appendice, l'aveu de la baronnie d'Écouché rendu par ce François d'Harcourt en cette année, n°. 6, A.

l'année 1501, les cinq frères procédèrent au partage, et le 5ᵉ. lot, composé des domaines d'Écouché, de Lougé, de St.-Ouen, de Gul, de Barneville-en-Auge, de Sevrai, etc., échut à Philippe d'Harcourt, le frère puîné de François, dont nous venons de parler. C'est ainsi qu'Écouché sortit de la branche des Bonnétable, continuée par cet aîné (1).

Philippe d'Harcourt. Ce seigneur, après la mort de sa première femme, Françoise de Mareuil, épousa Isabeau de La Motte-Fouqué, sœur de René de Lamotte-Fouqué. Philippe était mort en 1527, alors que sa veuve défendait, devant le Parlement, les intérêts de son fils mineur.

Bonaventure d'Harcourt, qui fut connu sous la qualification de baron d'Écouché, mourut avant d'avoir atteint l'âge de sa majorité (2). Après la mort de cet enfant, le domaine d'Écouché échut à un de ses oncles, Jacques d'Harcourt, le dernier des cinq fils de Jean.

Jacques d'Harcourt. Ce nouveau propriétaire fut la souche d'une branche de la maison d'Harcourt, nommée d'Olonde, seigneurie qu'il tenait du chef de sa femme, Élisabeth Bouchard d'Au-

---

(1) P. Anselme, t. V, p. 141, D. François d'Harcourt épousa Anne de Saint-Germain, dame d'Habloville, fille d'Aubert de Saint-Germain, seigneur de Rânes, Ambec, etc. ; ce qui fit entrer ces domaines dans la maison d'Harcourt.

(2) Voir La Rocque, t. I, p. 195, et le P. Anselme, t. V, p. 139-145.

beterre, baronne d'Olonde. Dans les actes publics, il prenait les qualifications de baron d'Écouché et Lougé, châtelain d'Olonde, seigneur de Chevigny-le-Vieux et de Chevigny-le-Nouveau, Feuguerolles et Baroques, le Coisel, Auvray, Chy, Maupertuis, Longuerais, Gul, Ferrière (en Sevrai), Sevrai, St.-Ouen, St.-Brix (1). Jacques d'Harcourt était mort avant le 1er. juillet 1550 (2). Ses quatre enfants administrèrent pendant quelque temps son héritage en commun; mais le partage s'en étant fait entre eux le 21 janvier 1556, la baronnie d'Écouché échut à l'aîné, Charles d'Harcourt (3).

Charles d'Harcourt. Ce seigneur mourut en l'année 1570, sans laisser de postérité; dans sa succession, le domaine d'Écouché échut à son troisième frère, Nicolas.

Nicolas d'Harcourt. Un des premiers actes de propriétaire que fit ce nouveau seigneur fut de vendre un des domaines dont il venait d'hériter, celui de Sevrai, dit du Chapeau-de-Roses, à cause de la redevance que le seigneur était obligé de donner à son suzerain, le comte de Montgommery, et qu'il recevait lui-même de ses vas-

---

(1) Voir l'aveu rendu par ce seigneur, pour la baronnie d'Écouché, en l'année 1547, à l'Appendice, n°. 6, B.

(2) P. Anselme, t. V, p. 139-145.

(3) Id., Ibid. (Voir, à l'Appendice, l'aveu rendu par les vassaux de l'Aînesse de la Viganière, en 1551, n°. 6, C).

saux (1). Il ne rendit aveu, pour son domaine d'Écouché, qu'en 1579 (2). Le baron d'Écouché figure au nombre des visiteurs de haut parage qui furent reçus au château de La Motte-Fouqué en l'année 1594, lorsque la comtesse de Sanzay célébra, par des fêtes splendides, l'union de Jacques d'Harcourt et d'Isabeau Tillon, dame de Sacey-Tillon (3). Nicolas d'Harcourt avait épousé, en secondes noces, Claude de Tilly, dont il eut un fils unique, nommé Urbain, qui lui succéda.

Urbain d'Harcourt (4). Ce personnage termine d'une manière malheureuse la série des membres de l'illustre maison d'Harcourt, qui possédèrent la 2e. moitié de la baronnie d'Écouché. Ayant été convaincu de plusieurs faux, il fut condamné par arrêt du Grand-Conseil à avoir la tête tranchée à la Croix-du-Tiroir à Paris. Comme on le conduisait de la prison du Four-l'Évêque au lieu du supplice, Jacques et Charles d'Harcourt de Beuvron, ses cousins, se trouvèrent là comme par hasard, et

---

(1) Appendice, n°. 7, C.
(2) Ibid., n°. 6, D.
(3) *Journal de la comtesse de Sanzay*, par M. le comte de La Ferrière-Percy. Paris, 1859.
(4) Voir, à l'Appendice, n°. 6, E, l'aveu du domaine d'Écouché, rendu par Urbain en 1605; faute de renseignements plus précis sur son entrée en possession, nous ferons remarquer que l'aveu se rendait peu de temps après l'entrée en jouissance ; ce devait être le premier acte de propriétaire.

sentant bouillonner leur sang à la vue d'un des membres de leur famille ainsi exposé à une honte publique, ils mirent l'épée à la main, et avec l'aide de leurs compagnons, Antoine de Longaunay, seigneur de Franqueville, et Jacques du Bosc, seigneur de Bois-d'Annebout, ils arrachèrent le condamné aux mains de ses gardes et l'entraînèrent loin de l'échafaud. Pierre d'Harcourt, marquis de Beuvron, père des téméraires libérateurs, effrayé des conséquences que pouvait avoir cette échauffourée, s'empressa de les conjurer en allant se jeter aux pieds de la reine régente, Marie de Médicis, la suppliant de pardonner à ses fils un acte auquel ils avaient été entraînés par une force irrésistible, et qu'ils avaient accompli sans préméditation. La reine dit qu'il n'y avait que le marquis de Beuvron pour se porter à des actes de cette gravité. Néanmoins, après avoir fait remettre le coupable à la prison du Four-l'Évêque, elle envoya ses propres gardes pour le protéger. Elle fit ensuite réviser le procès, et on obtint un acquittement. Urbain d'Harcourt ne profita pas de cette faveur; car le danger qu'il avait couru l'avait frappé si profondément, qu'il mourut peu après d'une maladie que, par allusion à une situation identique, on nommait la fièvre de Saint-Vallier (1). La

---

(1) Jean de Saint-Vallier, père de la célèbre Diane de Poitiers, ayant

Rocque, qui nous fournit ces détails, ne nous en donne pas la date ; mais les circonstances que nous allons rapporter les font remonter, ainsi que la mort du baron d'Écouché, à l'année 1612. Il ne laissa pas de postérité.

On ne se tire pas de pareilles affaires sans de grands sacrifices pécuniaires : aussi la succession d'Urbain d'Harcourt se trouva-t-elle si obérée, que les créanciers firent saisir la terre d'Écouché. Cette saisie eut lieu à la requête d'Antoine de Samson, écuyer, s[r]. de La Houssaye, époux de damoiselle Isabeau de Saint-Denis, fille et seule héritière de feu Jean de Saint-Denis, s[r]. de Saint-Denis et de Gul, parce que ce Jean de Saint-Denis avait obtenu un arrêt du Grand-Conseil, rendu le 24 mars 1613, qui ordonnait que le requérant serait payé d'une somme de 14,685 livres 5 s. 9 d., par les commissaires établis aux régime et gouvernement des biens saisis sur le défunt Urbain d'Harcourt. La saisie ne fut réellement opérée que les 24 et 31 octobre 1617, et 7 janvier 1618 ; la vente aux en-

---

été convaincu d'avoir favorisé la fuite du connétable de Bourbon, fut condamné à mort. L'arrêt allait être exécuté, lorsque sa fille s'étant jetée aux pieds de François Ier., obtint, par ses larmes, la grâce du coupable. L'impression de terreur avait été si profonde, que Saint-Vallier ne put jouir de la vie qui lui était rendue : ses cheveux blanchirent en une nuit, et il fut atteint d'une fièvre tellement violente, qu'il ne tarda pas à succomber. De là, le dicton de fièvre de Saint-Vallier (*Art de vérifier les dates*, Chronique historique des comtes d'Étampes, p. 669).

chères eut lieu le 19 février 1619. Une première offre de 16,000 livres et les frais en sus fut faite par François de Samson, s^r. des Vaux. Cette enchère fut couverte à une nouvelle vente exécutée, le 26 du même mois, par le prix de 19,000 livres qu'offrit Claude Aubereau, procureur de messire Gabriel de Montgommery, déjà propriétaire de l'autre moitié de la seigneurie d'Écouché, qui resta maître de l'enchère, et réunit ainsi dans sa main l'intégrité de ce domaine (1).

V. — SEIGNEURS D'ÉCOUCHÉ, DERNIÈRE BRANCHE UNIQUE.

Gabriel II, comte de Montgommery, s^r. de Lorges. Ce seigneur était le fils puîné de Gabriel 1er., le célèbre capitaine huguenot, le meurtrier involontaire du roi Henri II (2); il n'était pas

---

(1) Les titres concernant cette affaire sont conservés au Chartrier du château de La Motte-Lézeau.

(2) Voici un résumé historique du comté de Montgommery et de ses seigneurs. Le comte Roger qui vivait au XIe. siècle, ayant fait épouser à son fils, Robert de Bellême, la fille du comte de Ponthieu, le domaine de Montgommery passa successivement aux membres de cette famille de Ponthieu jusqu'à Blanche, qui épousa Jean V d'Harcourt, ainsi que nous l'avons dit plus haut, p. 51. Le puîné issu de cette union, nommé Jacques d'Harcourt, eut en partage la terre de Montgommery ; il fut la souche des d'Harcourt-Montgommery. Il mourut en 1405. Son petit-fils, Guillaume d'Harcourt, ne laissa qu'une fille, nommée Jeanne, connue sous la qualification de comtesse d'Harcourt, de Tancarville, etc. (Voir, à l'Appendice, l'aveu rendu à

étranger au pays, lorsqu'il acquit Écouché; il avait épousé Suzanne de Bouquetot, qui lui avait apporté en mariage La Motte (en Joué-du-Plain), Sevrai, Ferrière (en Sevrai), etc. (1); il résida

cette dame par les seigneurs d'Écouché, en 1487, n°. 6, A). Cette dame, morte sans enfants, légua, en 1488, les comtés de Montgommery et de Tancarville à François d'Orléans, comte de Longueville, son neveu, dont la mère était propre sœur de Guillaume d'Harcourt, son père. La terre de Montgommery se perpétua dans la maison de Longueville, jusqu'à Louis d'Orléans, petit-fils de François dont nous venons de parler. Il mit ces domaines en vente, et ils furent achetés par Jacques de Lorges, qui attachait un prix particulier à devenir propriétaire du comté de Montgommery, parce qu'il descendait d'une branche cadette des anciens seigneurs de ce nom, établie en Angleterre avec la qualification de comtes d'England. Ce Jacques de Lorges est le père du célèbre Gabriel de Montgommery (Voir Moréri, et le P. Anselme, t. V, p. 139-145). Le fils aîné de Gabriel hérita de la terre de Montgommery, sous le nom de Jacques II ; il ne laissa qu'une fille, qui, s'étant alliée à Jacques de Durfort, comte de Duras, lui apporta ce domaine ; mais son oncle, Gabriel II, notre seigneur d'Écouché, le lui acheta en 1610 (Moréri).

(1) La terre de La Motte se nommait alors la Motte-au-Lièvre, du nom de ses anciens propriétaires, dont l'unique héritière, Françoise Le Lièvre, avait épousé, en 1558, Balthasar de Villers, qui avait acquis Sevrai (*) de Nicolas d'Harcourt en 1571 (Appendice, n°. 6, D). De

(*) Les terres de Sevrai et de Ferrière en Sevrai, dont il est si souvent question, n'étaient depuis des siècles que des domaines de revenu, et non d'habitation. Nous avons sous les yeux une quittance de haute et puissante dame Suzanne de Bouquetot, comtesse de Montgommery, délivrée à Abraham de Sainte-Marie, écuyer, sieur du Boishue, pour la jouissance qu'il a eue des terres et seigneuries de Sevrai et de Ferrière, pendant cinq années, à partir de 1612, à raison de 950 liv. par chacun an (Étude du notariat d'Écouché). Ces deux fiefs furent réunis à celui de Vigneral. En 1657, M^{re}. Jacques Des Royers, chevalier, sieur de La Brissolière, allié aux Montgommery, échangea le fief de Sevrai avec François de Vigneral, contre un autre domaine (Chartrier du château de La Motte).

souvent à La Motte, et il faut lui attribuer la construction d'un logis seigneurial à Écouché, qui se voit encore en face du moulin. C'est un édifice inachevé, dont les toits élevés et la porte surmontée d'un fronton brisé, flanqué de deux lucarnes rondes, accusent le style du XVIIe. siècle. Le tympan de ce fronton est marqué par une forte pierre saillante, qui devait recevoir l'écusson des armoiries des Montgommery. Cette demeure menace ruine (1).

Gabriel II mourut avant sa femme (2), qui termina son existence vers 1647 ou 1648. Après la mort de ce seigneur, ses domaines furent par-

---

leur union sortit une fille, nommée Louise de Villers, qui apporta à Jean de Bouquetot, chevalier de l'Ordre du Roi, la terre de La Motte; c'est de cette union que naquit Suzanne, déjà mariée à Gabriel II de Montgommery en 1607.

(1) Dans un Dénombrement du domaine d'Écouché, en 1657, nous trouvons la première mention de ce manoir, qui est ainsi désigné : une maison manable, assise en la rue d'Orne, près les moulins dudit lieu, qui contient deux salles, deux chambres et greniers dessus, avec une allée au travers de ladite maison pour aller dans la cour et écurie, avec un fournil et un cellier, faisant clôture à ladite cour, avec un jardin au derrière de la maison ; le tout contenant ensemble demi-vergée de terre. Cette modeste demeure est qualifiée, dans le Dénombrement, la Maison du seigneur (Chartrier du château de La Motte).

(2) Il était mort en 1642 : ce qui résulte d'un aveu rendu par les vassaux du fief de La Motte, le 9 juin 1642, à sa veuve, qualifiée de haute et puissante dame Suzanne de Bouquetot, veuve de défunt Gabriel de Montgommery (Chartrier du château de La Motte). Ce document rectifie l'assertion de Moréri, qui fixe la mort de ce personnage à l'année 1653.

tagés entre ses héritiers : Écouché échut aux enfants de son fils, Gabriel III, représentés par leur mère, Aimée de Chastenay (Gabriel III était décédé dès l'année 1637) (1). Cette veuve paraît avoir résidé quelquefois à Écouché : elle y mourut, après avoir fait son testament, en l'année 1650 (2), et fut inhumée dans le chœur de l'église paroissiale. Les domaines d'Écouché et de La Motte cessèrent alors d'appartenir au même propriétaire ; le dernier était échu à Jean de Montgommery, le plus jeune des fils de Gabriel II et de Suzanne de Bouquetot (3). Ce fut l'aîné des enfants de

(1) Ce fait résulte d'un accord passé entre haute et puissante dame Suzanne de Bouquetot, comtesse de Montgommery, et sa belle-fille, Aimée de Chastenay, veuve de haut et puissant seigneur messire Gabriel de Montgommery, chevalier, etc., daté de février 1637 (Minute conservée au notariat d'Écouché).

(2) Voir un extrait de ce testament à l'Appendice, n°. 8.

(3) Lorsque Jean de Montgommery devint propriétaire de La Motte, il négligea les formalités de l'aveu, et il reçut, le 28 août 1654, sommation de faire hommage au roi, parce que ce fief relevait de la châtellenie d'Argentan. Il demanda deux ans de sursis, à cause de sa santé qui était dérangée, et de son grand âge ; il lui fut accordé un an ; mais, dans l'intervalle, il envoya une procuration à Élisabeth de Montboucher, sa femme, qui vendit, le 14 octobre suivant, la terre de La Motte à damoiselle Catherine Cochon, veuve de feu messire Nicolas Ango, sieur de La Chaise, conseiller secrétaire du roi, maison couronne de France, pour le prix de 83,000 livres (Cette terre n'avait pas alors l'importance que nous lui verrons prendre). Cette acquisition est à noter, parce qu'elle marque le point de départ de cette famille qui devint puissante dans le pays, et acquit plus tard la baronnie d'Écouché (Chartrier du château de La Motte).

Gabriel III qui eut Écouché ; il se nommait François.

François de Montgommery, chevalier des ordres, baron d'Écouché, du Mesle-sur-Sarthe, de Vignats, de St.-Sylvain, Potigny, etc., garda peu de temps le domaine d'Écouché, à cause de l'embarras de ses affaires. Il devait des retours de lots considérables à son oncle, Louis de Montgommery, et à ses frères, Jean et Philippe-Auguste de Montgommery, dans le partage de la succession de son grand-père, Gabriel II. Par suite de ces affaires, le domaine d'Écouché fut frappé de décret par arrêt du 10 septembre 1656, et François de Montgommery expédia à son mandataire, de son domicile à Paris, où il était logé à St.-Germain-des-Prés, rue du Sépulcre, hôtel de Grâce, une procuration pour vendre, avec stipulation d'un réméré de deux ans. La vente en fut faite à Louis de Montgommery, comte de Ducé, son oncle et son créancier, pour le prix de 113,000 livres et 1,000 livres de vin (1). Le contrat est daté du 15 mai 1658.

Louis de Montgommery, comte de Ducé. Ce seigneur fut le dernier de ce nom qui posséda Écouché. La noblesse d'épée, amoindrie par les grandes luttes auxquelles elle prit part, et asservie

---

(1) Acte de vente, conservé au Chartrier du château de La Motte.

par les charges de Cour, cédait ses domaines et ses donjons à cette riche aristocratie de robe, qui avait aidé le pouvoir royal à réduire sa rivale. Louis de Montgommery vendit la baronnie d'Écouché à messire Claude Le Tonnelier de Breteuil, conseiller au Parlement de Paris, par acte passé devant les notaires au Châtelet, le 23 mai 1679 (1).

Claude Le Tonnelier de Breteuil. Il avait été reçu au Parlement, le 25 janvier 1652. De son union avec Marie-Thérèse de Froulé, il laissa deux fils, dont le jeune était encore mineur. L'aîné, Claude-Nicolas, fut maître de la garde-robe de Philippe de France, duc d'Orléans, et mourut sans postérité, le 8 août 1703, âgé de trente ans. Le second, nommé Charles, hérita des biens de la famille.

Charles Le Tonnelier de Breteuil. Ce seigneur ne conserva pas Écouché jusqu'à sa mort, qui eut lieu le 2 décembre 1719 (2); il vendit cette propriété au marquis de La Motte-Lézeau, par acte passé devant les notaires au Châtelet, le 19 janvier 1716, pour le prix de 75,000 livres, vin compris (3). On remarquera l'énorme dépréciation

---

(1) Acte de vente, conservé au Chartrier du château de La Motte.
(2) Voir, pour ce qui précède sur la famille de Breteuil, le *Tableau généalogique de la noblesse*, par le comte de Warroquier, 4ᵉ. partie.
(3) Acte de vente (Chartrier du château de La Motte).

subie par ce domaine, eu égard à la valeur qu'il avait eue antérieurement. Nous ne pouvons l'expliquer.

Les deux membres de la famille de Breteuil qui possédèrent Écouché le visitèrent de temps à autre : ce qui est attesté par des approbations et des signatures apposées sur des réglements d'administration de l'hospice d'Écouché; néanmoins, ils n'y séjournèrent qu'en passant.

Voici quel était le nouvel acquéreur. Nous avons vu que Jean de Montgommery avait vendu le domaine de La Motte à la veuve de Nicolas Ango (p. 62, note 3). Le fils de cette dame, Jean-Baptiste Ango, ayant épousé la fille unique du sieur Le Febvre de Lézeau, doyen du Conseil d'État, qui était une très-riche héritière, devint conseiller en la Grand'Chambre du Parlement de Normandie, et, par suite de sa grande fortune, réalisa l'ambition qu'il avait d'illustrer son nom par le prestige d'un titre. Pour arriver à ce but, il commença par acheter plusieurs fiefs voisins de sa terre de La Motte, obtint du roi les lettres d'annexion de ces fiefs à son domaine; et, lorsque cette terre eut l'importance désirable, il sollicita son érection en marquisat : ce qui lui fut octroyé par lettres-patentes signées de Louis XIV, à Marly, au mois de juillet 1693, et enregistrées par arrêt du Parlement du 20 septembre

1696 (1), sous la dénomination de marquisat de La Motte-Lézeau, pour lui, ses enfants, successeurs nés et à naître en loyal mariage, avec le rang, honneurs et prérogatives attachés à la dignité du titre.

Le nouveau marquis de La Motte ne négligea aucune occasion de s'agrandir : en l'année 1712, il acquit de M. de Breteuil un premier démembrement du domaine d'Écouché, l'Aînesse de la Viganière, situé dans la paroisse de Joué-du-Plain, ainsi que tout ce qui appartenait au sieur de Breteuil dans cette paroisse, et faisant partie de sa baronnie d'Écouché, avec la faculté de réunir ces acquisitions à son marquisat. Il obtint, à cet effet, des lettres de désunion et d'annexion. Ces aliénations, peu importantes, puisque leur prix ne s'éleva qu'à 600 livres, furent le premier coup porté à la baronnie d'Écouché, qui fut absorbée dans le marquisat de La Motte par le successeur de celui qui nous occupe. Après la mort de Jean-Baptiste Ango (2), son fils aîné, portant les mêmes

(1) Les expéditions de ces titres, signés de la main du roi et scellés du grand sceau, sont conservées au Chartrier du château de La Motte.

(2) Ce Jean-Baptiste Ango, premier marquis de La Motte, avait un frère puîné, nommé Philippe-René, lequel épousa, par contrat du 12 juin 1717, Antoinette Jourdain de Pellevé, fille et unique héritière d'Hyacinthe-Louis de Pellevé, dernier seigneur de Flers de ce nom. Antoinette obtint l'érection de la baronnie de Flers en comté, et ce domaine se perpétua jusqu'à la Révolution, dans cette famille, encore représentée (*Histoire de Flers*, par M. le comte de La Ferrière-Percy, chap. VI).

noms que lui, acheta, ainsi que nous l'avons dit, le domaine d'Écouché.

Jean-Baptiste Ango, marquis de La Motte-Lézeau (1). Il fut conseiller au Parlement de Normandie comme son père. Après son acquisition, il fit réunir, par lettres-patentes du roi, la baronnie d'Écouché à son marquisat. Ainsi la liste des seigneurs de ce bourg semble désormais close ; néanmoins, comme le nouveau marquisat ne put faire oublier la vieille baronnie, nous allons poursuivre la suite des seigneurs de La Motte, qui continuèrent d'ajouter à leur titre celui de barons d'Écouché. Jean-Baptiste Ango avait épousé, par contrat du 9 août 1731, Marie-Michelle Hébert. Cette union donna le jour à plusieurs enfants, dont l'aîné, nommé Jean-Baptiste, succéda à son père dans les terres de La Motte et d'Écouché.

Jean-Baptiste Ango, marquis de La Motte-Lézeau. Celui-ci abandonna la toge de ses pères pour la carrière des armes ; il fut lieutenant aux

---

(1) C'est à ce Jean-Baptiste Ango, marquis de La Motte, que s'adressaient les plaisantes lettres de Voltaire, réclamant le paiement d'une rente que le poète avait constituée sur le marquis de La Motte par un placement à fonds perdu. M. de La Motte ne voulait entendre à rien ; il devait quatre années d'arrérages et ne répondait à aucune sommation : aussi n'y a-t-il plaisante apostrophe dont ne se serve à son égard le fameux philosophe, peu philosophe en matière d'argent (D'après la *Correspondance générale* de Voltaire, *Histoire de Flers*, de M. de La Ferrière).

Gardes françaises et chevalier de St.-Louis (1). Après lui, les domaines de La Motte et d'Écouché furent transférés, par contrat du 15 avril 1791, à M. le marquis d'Étampes, qui traversa la Révolution sans encourir la confiscation, et habita la terre de La Motte, avec sa famille, jusqu'en l'année 1818, où ce domaine fut vendu à la Bande-Noire. Ce propriétaire avait aliéné antérieurement ce qui restait de la terre d'Écouché.

Un large débris du beau domaine de La Motte, y compris le château dont il ne subsiste plus qu'un pavillon, est maintenant en la possession de M. David-Deschamps, membre du Conseil général de l'Orne et député au Corps législatif, qui continue dans ce lieu les traditions de bienveillant patronage sur les populations et de gracieux voisinage pour ses amis, qu'on était accoutumé à rencontrer chez les anciens propriétaires.

C'est à l'obligeance de M. David que nous devons la communication des pièces intéressantes de l'ancien Chartrier des domaines de La Motte et

---

(1) La famille Ango occupa une position importante dans le pays; à la fin du XVIIe. siècle et pendant le cours du XVIIIe., ses membres figurent au nombre des bienfaiteurs de l'église St.-Germain d'Argentan, auprès de laquelle ils possédaient un hôtel, situé proche le parvis, avec un jardin s'étendant sur l'enclos du château (Voir l'*Histoire de St.-Germain d'Argentan*, par M. l'abbé Laurent, p. 115, 288, 308, 378, 398. Argentan, Barbier, 1859).

d'Écouché. Nous lui en exprimons ici toute notre gratitude.

VI. — DROITS FÉODAUX.

Après l'énumération des seigneurs d'Écouché, se place naturellement l'étude des rapports qui existèrent entre eux et les habitants, c'est-à-dire des droits féodaux.

Écouché était constitué en bourgeoisie. Ces créations seigneuriales, copiées sur celles que les souverains accordaient aux habitants des villes, furent établies dans le but d'attirer, par l'attrait de franchises et de protection, des habitants autour et à l'abri d'une enceinte fortifiée. Ces établissements, fort anciens, sont bien antérieurs à la fondation des communes normandes. Le domaine d'Écouché avait le titre de baronnie; il relevait féodalement du comté de Montgommery, auquel les seigneurs *paragers* (c'est-à-dire égaux en droits, *pares*, tant que la double branche se maintint) rendaient foi et hommage, à l'époque des mutations de propriété.

La dignité de baronnie indiquait que, dans les temps reculés, les seigneurs avaient dû jouir de la prérogative de haute-justice ou du plaid de l'épée, et d'autres *beaux droits* attachés à un fief de cet ordre ; mais les vicissitudes des temps avaient réduit les droits des seigneurs d'Écouché, sur leurs vassaux, à ceux que la Coutume de Normandie attribue aux bas-justiciers.

L'importance de la haute-justice, à laquelle prétendaient les seigneurs d'Écouché, était indiquée par le droit qu'ils exprimaient dans leurs aveux, d'ériger sur leur domaine trois gibets. Le nombre de ces instruments de supplice était la marque du degré d'importance de ces juridictions. Des seigneurs en élevaient jusqu'à cinq.

Si jamais les trois potences d'Écouché servirent à leur sinistre destination, le souvenir s'en perd dans la nuit des temps ; cependant, les aveux et dénombrements font mention d'un service auquel étaient assujettis, par suite d'inféodation, les représentants d'un nommé Cossar ; c'était d'acheter et de fournir la corde du *pendant,* quand il y avait justice à exercer dans la baronnie.

La Coutume de Normandie autorisait les seigneurs bas-justiciers, sur le domaine desquels se tenaient des foires et marchés, à exercer la police, et à poursuivre la répression des délits qui se commettaient à l'occasion de ces réunions dans l'étendue du fief. Cette police était exercée par un sergent, sorte de garde-champêtre, qui déférait les contraventions qu'il avait constatées au sénéchal de la seigneurie, juge ordinaire des différends qui pouvaient s'élever entre le seigneur et les habitants de son domaine, relativement à la perception de ses droits et coutumes.

Les habitants d'Écouché, comme jouissant du privilége de bourgeoisie, étaient exempts de toutes rentes seigneuriales ou cens sur leurs héritages. Dès le XIIe. siècle, Hugues de Gournay, aumônant à l'abbaye de St.-Pierre-sur-Dives une maison dans le bourg d'Écouché, a soin de spécifier qu'elle est franche de toute redevance féodale. Ils étaient également déchargés de tous services personnels envers les seigneurs, ainsi que de l'entretien des moulins. Ils jouissaient, dans l'étendue de la bourgeoisie, de la franchise des droits et coutumes, dans les halles et marchés, pour l'exposition de leurs marchandises de toute nature. La seule obligation qui leur incombât était celle d'entretenir les défenses du bourg et la motte féodale, nonobstant les prétentions contraires, formulées par les sénéchaux, qui croyaient n'en mettre jamais assez dans les aveux. Le jugement du 23 mai 1607 en fit justice (1).

Les seigneurs exerçaient dans la bourgeoisie une juridiction administrative, qui représente assez celle qui est actuellement attribuée à l'autorité municipale.

Les fonctions de sergent ou agent de la force

(1) Voir, à l'Appendice, n°s. 6, 1.

publique avaient été anciennement inféodées, de sorte que ce fonctionnaire prenait la qualification de sergent hérédital. C'était lui qui, aux trois anciennes foires d'Écouché, se mettait à la tête des bourgeois, lesquels devaient, sous peine de 18 s. 2 d. d'amende pour chaque fois, fournir, à tour de rôle, au guet un poste destiné à faire la police ; en raison de ce service, les bourgeois devaient chaque année au sergent pour son usage une paire de souliers, *bons et suffisants*.

Le sergent levait sur les habitants contractant union un léger tribut : c'était une menue pièce de monnaie, un pain ou un gâteau, ou quelque autre denrée ; on nommait ce droit *Regard de mariage*. Il ne faut pas voir, dans cette coutume, une charge onéreuse et vexatoire : le sergent, moyennant cette légère gratification, que chacun lui payait sans regret, assistait à l'union des époux revêtu de ses insignes, et donnait à la cérémonie une certaine pompe qui compensait bien et au-delà le léger sacrifice qu'il réclamait. Aussi, aurait-on été mortifié de ne pas l'y voir, comme on le serait aujourd'hui, si le suisse de l'église s'abstenait de donner du relief à un mariage par sa présence.

Le sergent remplissait les fonctions de *messier* (de *messis*, moisson), ou garde-champêtre, dans l'étendue de la bourgeoisie. Chaque possesseur d'héritage lui devait, en compensation de ses services, une gerbe de chaque grain, en la moisson. Cet ancien usage subsiste encore aujourd'hui, et lors de la récolte, le garde-champêtre communal va recueillir, dans chaque culture, la gerbe que chacun lui donne de bonne grâce.

Comme compensation du service de police exercé par lui dans les halles, au nom des seigneurs, le sergent avait droit à un étal sous la halle de la boulangerie, en face de la chapelle St.-Denis, ou, comme équivalent, il recevait 2 deniers par an. La modicité de ce tribut indique son ancienneté.

Les bourgeois devaient au sergent, par chaque chef de ménage, deux œufs à Pâques et deux deniers à Noël. Ils devaient, en outre, faire les dépens du sergent lorsqu'il assistait les prévôts et coutumiers de la baronnie dans leurs fonctions; c'est-à-dire qu'ils devaient lui payer des honoraires quand il aidait à la perception des rentes et coutumes, dont nous allons donner le détail.

Les seigneurs d'Écouché revendiquaient un droit de taxe sur les bestiaux et marchandises étrangers à la localité, traversant le territoire de la bourgeoisie. Le produit de ce péage était destiné à l'entretien des voies de communication dans le parcours de la seigneurie; on appelait cela le droit de *travers*, de *cheminage* ou encore de *billette*, parceque les seigneurs faisaient placer sur les chemins, aux entrées de leur domaine, des écriteaux ou billets indiquant cette obligation. Ainsi, les habitants devaient se trouver déchargés de l'entretien des voies publiques. Néanmoins, ils étaient tenus de réparer et réédifier la première arche, du côté de leur territoire, des deux grands ponts nommés le pont d'Orne et le pont d'Udon, vers Sevrai. Nous parlons de cet article pour mémoire, parce que, depuis le jugement de 1607 et probablement bien auparavant, ces droits de *passage*, prérogative des seigneurs hauts-justiciers, n'appartenaient point aux seigneurs d'Écouché; les habitants du bourg étaient soumis à l'obligation commune, pour l'entretien des voies publiques (1).

La police des hôtelleries et tavernes appartenait aux seigneurs d'Écouché ; comme marque de l'exercice de ce droit, les débitants étaient obligés

---

(1) Les grands chemins ou chemins royaux se réparaient au moyen de corvées ou prestations en nature. Les chemins ruraux, aussi bien que les rues du bourg, étaient entretenus par les riverains, en face de leurs héritages. Les registres de la fabrique contiennent des articles constatant diverses dépenses ayant pour objet la réparation de voies publiques le long de pièces de terre ou de maisons appartenant au Trésor. Ainsi, dans le registre de 1670, nous lisons : « Payé, pour 3 jours de banneau et 4 journées d'homme, pour raccommoder le chemin du bout d'un acre de terre appartenant au Trésor, la somme de 8 liv. 12 s., etc. »

de payer le prix d'un pot de chaque boisson vendue en détail (Voir, à l'Appendice, n°. 8, le jugement de 1607).

La vérification et la réformation des poids et mesures (1), tant dans les halles que dans les hôtelleries, furent une prérogative des seigneurs d'Écouché; et, comme marque de ce droit, les hôteliers et taverniers furent tenus, sous peine de 60 sous tournois d'amende, de poinçonner leur vaisselle d'étain et de timbrer leurs bannières (enseignes) aux armes des seigneurs. Nous dirons que cet article de vérification et de réformation était aboli, et doit être rangé parmi ceux qui furent anéantis par la suppression de la haute-justice.

Les seigneurs d'Écouché avaient la nomination

(1) Il existait une grande variété dans les mesures locales. Nonobstant les prétentions des seigneurs d'Écouché, il appartenait aux juridictions royales de régler les contestations qui s'élevaient souvent à l'occasion des redevances en grains. Quoique l'ancien boisseau d'Arques fût assez généralement l'étalon des mesures normandes, Écouché eut son boisseau particulier, que nous trouvons mentionné dans de nombreuses transactions, même en dehors des dépendances du bourg. L'ancien boisseau d'Écouché contenait 16 pots, mesure d'Arques, vers l'année 1500. Environ 60 à 80 ans plus tard, il fut porté à 17 pots (*Histoire de l'église St.-Germain d'Argentan*, par M. l'abbé Laurent, p. 370, en note; renseignement extrait des archives de l'hôtel-de-ville d'Argentan). Ce boisseau subit encore d'autres changements, dont nous ne connaissons pas la date. En effet, le tableau comparatif des anciennes mesures avec les nouvelles, publié par l'ordre de M. le Préfet de l'Orne, en l'an X, établit que le boisseau d'Écouché était l'équivalent de 4 décalitres et 1/5 ou 42 litres; ce qui correspond à 22 ou 23 pots environ, ancienne mesure d'Arques.

des languéyeurs de porcs, chargés de s'assurer si les animaux exposés en vente n'étaient pas ladres, précaution qu'on se gardait bien de négliger au moyen-âge, alors que la hideuse maladie de la lèpre sévissait si cruellement sur les populations. Ce droit fut contesté aux seigneurs d'Écouché, dans les circonstances suivantes : un nommé Louis Montpellier, pourvu de l'office de languéyeur dans le bailliage d'Alençon, par lettres de provision du 20 mars 1681, fit, à la date du 31 mai 1684, un bail à François Hamel, du droit de languéyage dans les foires et marchés d'Écouché et de Rânes. Jacques Belzais, fermier de la Coutume d'Écouché, fit opposition, et, par sentence du sénéchal ou juge seigneurial d'Écouché, fit maintenir Pierre Edeline, pourvu par lui de cette commission.

Une des prérogatives réclamées par les seigneurs d'Écouché, dans leurs aveux, était de faire tenir par des maîtres de leur choix les écoles du bourg, auxquelles les habitants étaient tenus d'envoyer leurs enfants (1).

---

(1) Ce droit, anciennement revendiqué, puisqu'il en est fait mention dans un aveu de 1817, se voit souvent attribué aux seigneurs possédant des bourgeoisies. Il existait notamment à Flers. Louis XIII octroya des priviléges aux écoles seigneuriales de ce lieu, au point d'y encourager l'enseignement des belles-lettres et de la philosophie (*Histoire de Flers*, par M. de La Ferrière, p. 94). Nous n'avons aucune donnée sur les écoles d'Écouché, que rien ne nous prouve avoir existé, sinon l'article de l'aveu dont il est question, et c'est un titre peu convaincant.

Pour en finir, les droits de mutations s'acquittaient envers les barons d'Écouché par quatre deniers pour chaque contrat, au lieu du treizième, qui était la taxe ordinaire.

Nous ne nous poserons point en champion de ce régime féodal, qui fut une phase de la vie des peuples, le moyen-terme entre l'esclavage et l'affranchissement; mais il est juste de dégager ces usages anciens, si diversement appréciés, des fables et insinuations malveillantes dont on est parvenu à les envelopper systématiquement.

Lorsque l'influence de l'Église eut amené l'affranchissement des populations rurales liées à la glèbe, elles ne restèrent plus chargées que des obligations résultant des concessions de terrain qui leur étaient faites; mais c'est les calomnier que de supposer qu'elles se fussent jamais soumises à d'odieuses et inqualifiables exigences. Cependant les insinuations auxquelles nous faisons allusion sont encore tenues pour vraies par beaucoup de personnes, quoiqu'un écrivain célèbre en ait fait naguère justice (1). Des faits et actes abusifs qui

---

(1) *Le Droit du seigneur au moyen-âge*, par Louis Veuillot, rédacteur en chef du journal *L'Univers*. Paris, 1854. Nos recherches nous ont mis sous les yeux nombre d'aveux relatifs à des fiefs situés dans la circonscription territoriale formant aujourd'hui le canton d'Écouché. Nous n'avons pas besoin de dire que nous n'y avons rencontré aucune mention du droit en question. On n'y stipule que des obligations de services ou prestations pour la culture des terres du domaine sei-

se seront commis isolément, pendant le cours du moyen-âge, ne peuvent être considérés comme l'exercice d'un droit.

Les obligations pour la culture du domaine avaient été généralement rachetées à prix d'argent, contre des rentes insignifiantes, dont le principe, devenu odieux aux populations, avait peut-être son plus grand motif de répulsion dans l'entretien de prérogatives qui, n'étant plus basées sur un échange de services, c'est-à-dire protection d'une part et concours de l'autre, étaient devenues exclusivement des priviléges que les possesseurs

gneurial, dont une partie avait été fieffée aux vassaux, contre ces minces services. Plus tard, la plus grande partie de ces obligations furent converties en menues rentes en argent ou en denrées. Nous ne voulons pas taire un exemple d'un service personnel attribué aux tenants d'un fief, et l'un de ceux qu'on a le plus couvert d'odieux après celui dont nous avons parlé plus haut. Il s'agit de l'obligation des vassaux du domaine de Bouillonné, de battre les eaux de la douve lorsque l'épouse du seigneur était en couches; mais le titre auquel nous empruntons ce fait contient un correctif qui devait restreindre les exigences du seigneur dans l'exercice de cet hommage rendu à sa puissance, c'est qu'à chaque coup de *gavelle* (gaule) donné dans l'eau, le vassal avait droit à un verre de cidre et se trouvait acquitté de sa redevance en œufs envers son seigneur (Communiqué par M. Mallet, notaire à Écouché, qui avait relevé ce document dans un inventaire). Pour dire un dernier mot du droit du seigneur, nous relèverons un dicton cité par M. Chrétien, dans son *Almanach argentenais*, pour l'année 1842, et attribué par lui aux anciens seigneurs de Boucé (canton d'Écouché): « Comme un seigneur de Boucé, avoir le droit jambage. » Pour toute réponse, nous renvoyons nos lecteurs à l'aveu de ce fief, à l'Appendice. n°. 9.

faisaient peser sur leurs subordonnés avec hauteur et arrogance, en appuyant leurs exigences sur des titres surannés dont ils ne comprenaient plus les formules.

Un des griefs les plus reprochés à la classe privilégiée, c'était l'inégalité dans les charges publiques, qui n'était plus motivée par la compensation du service militaire anciennement exercé par la noblesse. Cependant, on ne tient peut-être pas assez compte des taxes imposées aux gentilshommes en raison de leurs fiefs, et du rachat du ban et arrière-ban.

Il faut ajouter que, depuis le règne de Louis XIV, la noblesse ayant fait de nombreuses pertes, se recruta dans les rangs de la bourgeoisie, dont bon nombre de membres achetèrent à beaux deniers comptant l'honneur d'entrer dans la classe privilégiée. L'État ne se fit pas faute d'exploiter cette tendance, en exigeant, à plusieurs reprises, le paiement des lettres-patentes qu'il annulait par un décret; de sorte que ces nouveaux nobles versèrent plusieurs fois dans le Trésor public le montant des tailles dont ils étaient déchargés.

VII. — DOMAINE D'ÉCOUCHÉ.

En outre des droits et coutumes dont nous venons de parler, et qui constituaient une notable portion du revenu domanial de la baronnie d'Écouché, il y avait encore le domaine non fieffé, dont le dénombrement se trouve dans les divers actes de vente que nous avons mentionnés en parlant des seigneurs. En voici le détail :

D'abord, le manoir ou maison du seigneur, construit dans le XVIIe. siècle, par Gabriel II, comte de Montgommery ; puis les halles, qui comprenaient quatre corps de bâtiments, nommés la grande halle, la halle de la boucherie, la petite halle et la halle aux grains.

Les seigneurs s'attribuaient la propriété des murs, tours, fossés et autres défenses, ainsi que des ponts d'Orne et d'Udon.

Le domaine se composait des moulins à blé, nommés les moulins d'Orne, avec les bieux, arrière-bieux, pêcheries, eaux et rivières traversant la bourgeoisie ; d'une pièce de terre en pré, contenant 2 acres, nommée la Prairie d'Orne ; d'une autre de même nature, contenant 8 acres, nommée la Bouverie ; d'un pré nommé le Pré d'Engasse, de 2 acres, et de 4 acres de terre labourable, nommés les Quatre-de-l'autre-Monde (1).

Les seigneurs étaient propriétaires fonciers des communaux, dont les habitants avaient la jouis-

---

(1) Ce nom bizarre avait pour origine, croyons-nous, le cimetière aux huguenots qui était dans le voisinage, si même il n'avait été concédé par les seigneurs à même cette pièce de terre.

sance. Ils comprenaient les deux marais séparés par la chaussée d'Udon, d'une contenance d'environ 10 acres, et une petite commune comprise entre la rivière d'Orne et la Cance, nommée les Morbieux, contenant 2 acres.

Les seigneurs avaient, à diverses époques, inféodé plusieurs places vagues, soit pour bâtir, soit pour former des jardins ou des mares à fumier ; ce fut pendant le cours du XVIIe. siècle qu'on les vit recourir, avec plus de suite, à ce moyen de tirer parti de leur domaine. Aussi, à cette époque, les fossés de La Motte et La Motte elle-même furent en grande partie aliénés. Ils inféodaient également des portions des voies publiques, pour la construction des porches qu'on était dans l'usage d'élever devant les maisons. Les habitants chargés de ces rentes étaient tenus d'en porter le montant devant le sénéchal, en l'auditoire du lieu, au son de la cloche, le premier dimanche après la St.-André de chaque année, sous peine de 18 s. 2 d. tournois d'amende.

En outre du domaine situé sur le territoire d'Écouché, la baronnie comprenait la Vavassorerie de la Viganière, assise en la paroisse de Joué-du-Plain, d'une contenance d'environ 30 acres, tant en terres qu'en maisons, jardins, avec une commune nommée Launay, contenant 2 acres. Les tenants de cette Vavassorerie ou Aînesse jouissaient des mêmes franchises et priviléges que les bourgeois d'Écouché, relativement aux coutumes et péages dans l'étendue de la baronnie; sur le territoire de l'Aînesse de la Viganière était situé le moulin de la Folletière ; les hommes de l'Aînesse en étaient baniers. Pour marque de cette sujétion, ils étaient tenus, par l'entremise de l'Aîné ou membre responsable, représentant le premier qui avait accepté l'inféodation qu'il avait subdivisée au même titre entre les habitants, « d'acheter et quérir la corde du *traquet* (appareil à lever les meules) de ce moulin ; aussi, en compensation, avait-il le droit de moudre son grain après celui qui était dans la trémie, et d'emporter son *dégrain* (1). » Nous avons dit que Charles Le Tonnelier de Breteuil avait aliéné l'Aînesse de la Viganière en faveur de Jean-Baptiste Ango, seigneur de La Motte. Le moulin de la Folletière était déjà une dépendance du domaine d'Écouché, lors de l'échange de ce domaine avec Philippe-Auguste.

VIII. — JURIDICTIONS.

Les habitants d'Écouché, soustraits de temps

---

(1) Tous ces détails, concernant le domaine d'Écouché, sont contenus dans les déclarations faites au greffe civil du bailliage d'Argentan, à l'occasion des décrets qui frappèrent cette propriété en 1619 et 1657 (Chartrier du château de La Motte).

immémorial à la haute-justice seigneuriale, relevaient des juridictions royales.

Philippe-Auguste paraît avoir, sinon créé l'office des baillis en Normandie, du moins leur avoir donné la prééminence sur les vicomtes, dont il conserva néanmoins les attributions; mais ils perdirent successivement leurs plus importantes prérogatives, jusqu'à devenir de simples officiers de robe, appelés à juger les causes civiles entre les roturiers.

Lors de la création des bailliages, Argentan étant devenu un domaine particulier par la donation que Philippe-Auguste en avait faite à Henri Clément, premier maréchal de France, Écouché fut attaché au bailliage d'Exmes. Plus tard, une lieutenance du bailliage d'Alençon ayant été établie à Argentan, le bourg d'Écouché en releva.

La même chose arriva pour la vicomté: notre bourg fut attaché à celle de Trun, ce qui existait encore en 1302, où nous voyons un Jehan Dufossé, clerc, tenir les plaids à Écouché, en qualité de vicomte de Trun (1).

A l'époque où la justice était ambulante, les vicomtés furent subdivisées en plusieurs circonscriptions, dans lesquelles la localité la plus im-

---

(1) *Cartulaire de l'abbaye de St.-André-de-Gouffern* (Archives du Calvados).

portante fut désignée pour la tenue des assises vicomtales. Lorsque les tribunaux devinrent sédentaires, plusieurs de ces fractions judiciaires furent conservées, probablement afin de rendre les déplacements moins onéreux aux justiciables.

C'est ainsi qu'Écouché conserva, jusqu'à la Révolution, le privilége de la tenue des assises présidées, tous les quinze jours, par le vicomte ou ses lieutenants, pour juger les causes qui se présentaient dans la circonscription, laquelle contenait les paroisses dont voici les noms : Avoines, Boucé, Joué-du-Plain, Loucé, Ménil-Selleur, Notre-Dame-du-Châtellier (mixte avec la haute-justice de Messei), St.-André de Messei, St.-Gervais de Messei, St.-Sauveur de Carrouges, Saires (mixte avec la haute-justice de Messei), Sevray, S^{te}.-Croix-sur-Orne (mixte avec la haute-justice de Putanges), Putanges (mixte), Treize-Saints et Vieux-Pont (1).

Les audiences vicomtales, aussi bien que celles du juge de police, ou sénéchal, se tenaient dans un local qui existe encore ; il se nommait l'*Auditoire* ; situé au haut de la halle actuelle, avec laquelle il fait corps, il se distingue par un large perron couvert.

---

(1) Nous avons relevé ces noms sur un tableau des paroisses composant les bailliage et vicomté d'Argentan (Archives de l'Orne).

Cette salle des plaids, érigée sur la halle des seigneurs, ayant été anciennement fieffée pour sa nouvelle destination, faisait au Domaine une rente de 4 sous. Pour le service du siége vicomtal, il fut créé une sergenterie dite du plaid de l'épée (1).

Cet office ne tarda pas à être inféodé et forma un plein-fief de haubert, relevant du roi à cause de la vicomté d'Argentan ; c'était un de ces *fiefs-en-l'air*, ainsi nommés parce qu'ils n'étaient pas assis comme les autres sur un fonds de terre. Ils assujettissaient les possesseurs aux mêmes obligations que tous les nobles possesseurs de fiefs : à la garde noble des enfants mineurs, au ban et arrière-ban, etc.

Les nobles sergenteries, comprenant une fraction du territoire de la vicomté, composèrent

(1) L'ancienne Coutume de Normandie définit ainsi les attributions du sergent vicomtal : « Sous les vicomtes sont les sergents de l'épée, « qui doivent tenir les vues et faire les semonces et les commande- « ments des assises, et faire tenir ce qui y est jugé, et délivrer par « droict les *namps* qui sont prins, et doivent avoir xi deniers par cha- « cune vue qui est soutenue, et aussi de chaque *namps* qu'ils déli- « vrent ; et pour ce sont-ils appelés sergents de l'épée ; car ils doivent « justicier vertueusement à l'épée et aux armes tous les malfaicteurs « et tous ceux qui sont diffamés d'aucun crime et fugitifs ; et pour ce « furent-ils établis principalement, afin que ceux qui sont paisibles « fussent par eux tenus en paix, et par eux doivent être accomplis par « office de droict. » (*Ancienne Coutume*, art. 5). Philippe-le-Bel, par ordonnance du 20 avril 1309, autorisa les sergents à se faire remplacer, sous leur responsabilité, par des sous-sergents (*Ordonnances des rois de France*, t. 1, p. 461).

des circonscriptions judiciaires et administratives, très-connues pendant le moyen-âge et sous l'ancien régime.

Les fonctions des sergents vicomtaux, importantes dans l'origine, et donnant lieu à de grands profits, finirent par être réduites à fort peu de chose. En outre des exploits relatifs aux affaires ressortissant du siége vicomtal, les sergents avaient été pendant long-temps en possession de dresser les inventaires des biens des mineurs et autres ; lorsque Louis XIV, par ses édits des mois de juillet 1677 et juin 1685, créa les siéges de notaires en remplacement des tabellions et fixa les attributions de ces officiers ministériels, il leur dévolut exclusivement ces opérations ; de sorte qu'il ne demeura aux sergents vicomtaux que la vente des biens meubles, dans les paroisses de leur ressort.

Comme les sergenteries étaient fort étendues et qu'il était impossible à un seul titulaire d'exercer sur un aussi vaste territoire, on les divisa en plusieurs sous-sergenteries qu'on nomma *traits*, et qui furent confiées à autant de sergents. La sergenterie d'Écouché se composa de 4 traits :

Le premier, la sergenterie d'Écouché, comprenait avec cette paroisse celles de Joué-du-Plain, de Loucé, de Sevray et de Treize-Saints ;

Le second, la sergenterie de Boucé, se composait de cette paroisse et de celles d'Avoines, de

Gult, de La Lande-de-Gult, de Ménil-Selleur et de Vieux-Pont ;

Le troisième, la sergenterie de Messei, réunissait les paroisses de Messei et de Saires ;

Enfin, le quatrième embrassait les paroisses de Putanges et de Ste.-Croix-sur-Orne ; c'était la sergenterie de Putanges.

Les paroisses mixtes avec des hautes-justices, pour la juridiction vicomtale, l'étaient également pour les sergenteries.

Le propriétaire de la noble sergenterie du plaid de l'épée d'Écouché louait chacune de ces subdivisions à un titulaire, qui exerçait dans les limites de sa circonscription.

A la fin du XVIIe. siècle, la sergenterie appartenait à François de Marseille, écuyer, sieur du Châtellier, et y demeurant (1). Nous avons pu consulter quelques-uns des baux passés, à diverses dates, par ce personnage, ou ses successeurs dans l'office de sergent. Nous allons produire des chiffres exprimant la valeur de ces différents traits.

---

(1) Il en avait hérité de son père, Nicolas de Marseille, qui la possédait en 1636 (Manoury, avocat du roi, *Histoire d'Alençon*, manuscrite. Archives de l'Orne). François de Marseille ayant marié sa fille, Marie, avec Joseph de Brossard, écuyer, sieur des Ils-Bardel, lui donna la noble sergenterie d'Écouché, qui resta dans cette famille jusqu'à la Révolution. C'est à l'obligeance de M. le comte Philippe de Brossard, descendant de cette famille et propriétaire des Ils-Bardel, que nous devons ces

En 1689, le trait d'Écouché était loué 200 livres; celui de Boucé valait, au commencement du siècle suivant, 72 livres par an, et 3 livres de tabac pour vin; en 1762, il rapportait 80 livres; le trait de Messei, par bail passé en 1695, était loué pour une somme annuelle de 200 livres, plus 3 livres de sucre, raffinage de Rouen, à la Guibray, et deux pots de clairet, bon et loyal, chaque année, ou cent sous au choix du preneur. En outre, le sergent s'engageait à faire délivrer au sieur bailleur une paire de gants doubles à son usage, au jour de St.-André de chaque année. Ces gants lui étaient dus par les merciers ou marchands qui étalaient dans les halles et merceries du bourg de Messei. En 1740, le trait de Putanges ne rapportait que 20 livres par an, avec un pot-de-vin de 12 livres pour un bail de trois années. Dans tous les baux que nous venons de mentionner, il est invariablement stipulé que les preneurs feront gratis tous les exploits dont ils seront requis par les bailleurs, sur les dépendances de la sergenterie.

Ces sergenteries avaient généralement pour locataires des sergents royaux attachés au bailliage, qui cumulaient ainsi ces divers offices.

Écouché fut le siége d'un tabellionage relevant

détails; il nous a communiqué ses papiers de famille, et les a accompagnés d'un résumé fort lucide qui nous a épargné un long travail.

du duché d'Alençon, et non seigneurial. Nous ignorons si les paroisses dépendant de cet office étaient les mêmes que celles qui composaient la vicomté du lieu et sa sergenterie : nous sommes porté à le croire, parce que c'était généralement la règle, sauf de rares exceptions (1). Lorsque les tabellionages n'étaient pas inféodés, ce qui était le cas pour celui d'Écouché, ces offices étaient ordinairement baillés à ferme par le vicomte, de trois ans en trois ans (2).

Jusqu'au commencement du XIVe. siècle, Écouché fut également le siége du sceau des obligations de la vicomté du lieu. Cet office était cumulé par les tabellions qui s'intitulaient, en l'an 1300, « gardes du scel des obligations Monseigneur le comte d'Alenchon au siége d'Écouché, et illec tabellions jurés. » Environ un siècle plus tard, l'of-

---

(1) Nous avons rencontré un cas qui semble confirmer cette exception ; mais il offre une circonstance qui l'explique. Dans de nombreux actes qui nous ont passé sous les yeux, la paroisse de Loucé est indiquée comme dépendance du tabellionage de La Forêt-Auvray, siége d'une des quinze sergenteries de la vicomté de Falaise, bien que cette paroisse fît partie de la vicomté d'Argentan, sergenterie d'Écouché ; mais elle était mi-partie du bailliage d'Argentan et de Falaise, probablement pour la portion de son territoire sur laquelle se trouvait une extension du fief de Méheudin, relevant de Briouze ; voilà peut-être l'explication de cette anomalie.

(2) Nous avons eu le désir de donner la série des tabellions d'Écouché, dont nous avons recueilli un grand nombre de noms ; mais le mode de transmission de l'office à bail ôte tout intérêt à cette reproduction.

fice fut réuni à celui de la vicomté d'Argentan, assis en cette ville. Cette charge fut anciennement affermée, ainsi que les autres offices, jusqu'à ce qu'elle fût aliénée par inféodation ou engagement. L'apposition du sceau sur les contrats donnait lieu au prélèvement d'une taxe qui a précédé celle du timbre et de l'enregistrement (1).

IX. — LE BOURG D'ÉCOUCHÉ.

Le bourg d'Écouché est encore aujourd'hui enfermé dans son ancienne enceinte fortifiée, dont on suit parfaitement les traces, marquées par des fossés très-apparents ; ses portes, correspondant aux principales routes qui le traversent, furent particulièrement défendues par des fermetures et des tours dont on aperçoit les vestiges. Ces issues avaient chacune un nom qui les distinguait : c'est ainsi que la porte par laquelle on se dirige vers

---

(1) Voici les noms de quelques gardes du scel aux obligations du siège d'Écouché que nous avons pu recueillir : de 1300 à 1315, Raoul Le Roullier, en même temps tabellion juré au même siége ; en 1382, Yves Garnier, id. ; en 1388, Jacquet Le Roullier ; en 1392, on retrouve Yves Garnier ; en 1404, Guiot Piquot ; en 1406, Jehan Guion ; en 1408, Jehan Gervais ; à la fin de la même année reparaît Jacquet Le Roullier ; en 1410, Michel Lesignor est garde du scel, mais non tabellion ; en 1411, encore Jacquet Le Roullier ; en 1412, Michel d'Aucquaignes (Occagne), comme garde du scel des obligations du siége d'Écouché, et Jacquet Le Roullier, comme tabellion. A partir de cette date, le siége du scel paraît transporté dans la ville d'Argentan.

Argentan se nomma, jusqu'au XIV°. siècle, la porte Bourges, nom qu'elle échangea contre celui de St.-Mathurin, à cause de la chapelle de l'Hospice dédiée à ce saint patron, près de laquelle elle était située. L'issue vers Boucé, Carrouges, etc., prit le nom de porte St.-Nicolas, d'une chapelle consacrée à ce saint et située, non loin de là, dans le cimetière. La porte fermant le bourg, du côté de la route de Bretagne, se nommait porte d'Udon, parce qu'elle était presque baignée par la rivière de ce nom. Enfin, celle qui donnait accès sur le grand pont d'Orne était désignée sous l'appellation de porte de Falaise.

Ces défenses, aussi bien les tours que les fossés, étaient entretenues aux frais des bourgeois. Comme conséquence des guerres qui agitèrent continuellement la société pendant le moyen-âge, même aux époques relativement paisibles, chacun fut obligé de pourvoir à sa sûreté que menaçaient incessamment des bandes accoutumées à vivre de rapine. Le bourg d'Écouché, aussi bien que les lieux sans défenses, fut souvent exposé aux entreprises de ces pillards.

Au commencement du XVI°. siècle, les enceintes du bourg étaient en mauvais état et protégeaient mal les habitants, qui s'adressèrent au roi François Ier., et lui présentèrent une requête à l'effet d'être autorisés à s'imposer, afin de faire les fonds nécessaires pour réparer leurs fortifications. Ils obtinrent des lettres d'octroi, datées du mois de mai 1530 ; en d'autres termes, il leur fut octroyé de s'imposer une somme de 40 écus, et de lever sur les débitants de boissons un droit fixe pour chaque vaisseau vendu en détail, afin d'élever des défenses qui empêcheraient à l'avenir, y est-il dit, *les forces (violences) publiques, outrages et molestations qui leur étoient continuellement faictes, à eux, leurs femmes, biens et familles, par plusieurs gens vagabonds malvivans.* Cette concession temporaire fut renouvelée par les successeurs de François 1er. Henri III leur délivra de nouvelles lettres en 1583 : le texte de ces lettres déclare que les troubles de religion qui agitaient alors le pays avaient empêché les bourgeois d'en demander plus tôt le renouvellement, et que, par suite, toutes les défenses étaient entièrement tombées en ruine (1).

C'est à ces lettres d'octroi, et aux ressources qu'elles procurèrent, que furent sans doute dus les nouveaux fossés d'Écouché qui agrandirent le bourg, en l'année 1587, du côté des marais d'Udon, et qu'on appela les grands fossés neufs. L'espace compris entre cette nouvelle enceinte et l'ancienne, qui se reconnaît encore, se nomme les Diguets ; il fut inféodé aux habitants par les

---

(1) Voir la copie de ces lettres-patentes, à l'Appendice, n°. 10.

seigneurs (1), comme ayant fait partie du marais commun.

L'agrandissement de l'enceinte dut être plus considérable du côté de la rue aux Oies (actuellement route impériale de Paris à Granville). En effet, parallèlement à cette rue, du côté du bourg, s'en trouve une autre qui a emprunté son nom à l'ancien fossé Meslet, dont il est encore question dans un acte de 1491. L'enceinte nouvelle, prenant obliquement à travers le marais, s'écarte de l'ancien tracé et vient se refermer sur les fossés de Loucé, à la tour de la porte St.-Nicolas.

Le fossé de Loucé s'appelle ainsi, à cause de la paroisse de ce nom dont le territoire joûte celui d'Écouché dans cette direction; on le nomme aussi le fossé de l'Angevine, parce que le réage qu'il longe est ainsi appelé. Ce fossé est le plus important, parce qu'il n'était point fortifié par les rivières; il est très-large et très-apparent et se remarque de la nouvelle route impériale qui le traverse. Un autre fossé, partant de l'Hôpital, allait s'appuyer sur le bief du moulin qui, avec le lit même de la rivière, au-dessous, complétait l'enceinte.

(1) Voir, à l'Appendice, le jugement rendu en 1607 à l'occasion du dénombrement de la baronnie d'Écouché, n°. 8, I. Réclamation des bourgeois ayant inféodé les Diguets, contre l'énonciation des communs, comme propriété des seigneurs.

Les rues du bourg d'Écouché ont emprunté leurs noms, soit à des industries privées, soit à des habitants de marque. La rue par excellence se nomma et se nomme encore la Grande-Rue : on trouve cette appellation dans des titres remontant au commencement du XIVe. siècle ; il n'est pas douteux qu'elle ne soit beaucoup plus ancienne. Cette voie, qui traverse Écouché de l'est à l'ouest, d'une porte à l'autre, était pavée sur une longueur d'environ 100 mètres ; depuis l'auberge de la Corne jusqu'à l'Hospice, on la nommait Grande-Rue-des-Champs, et, depuis le petit pont jusqu'à celui qui traverse la rivière d'Orne, Grande-Rue-d'entre-les-Ponts. Le petit pont jeté sur la décharge du moulin se nommait le Pont-au-Sellier, et cela dès 1437.

La rue Notre-Dame prit son nom d'une auberge à l'enseigne Notre-Dame, qui y existait dès le XVIe. siècle.

La rue aux Oies fut ainsi nommée parce qu'elle conduisait aux marais communs. La rue de la Corne prit le nom de l'auberge qui donna l'hospitalité à Henri IV.

La rue de la Cour-Bailleul emprunta celui d'un ancien logis du XVIe. siècle, à la cage d'escalier en tourelle, situé dans une cour qui s'ouvre sur cette rue. Dans le dénombrement du domaine d'Écouché fait en 1617, cette maison est indiquée comme frappée d'une rente de 40 sous en faveur des seigneurs du lieu, payable par les héritiers ou ayant-cause de feu Gallois d'Harcourt, écuyer, sieur de Bailleul, dont elle avait retenu le nom.

La rue Dodeman prit celui d'un très-ancien propriétaire qui y avait son domicile (1).

Celle qui passe par le chevet de l'église se nommait, en 1553, rue du Crochet (maintenant rue du Vieux-Crochet), parce qu'anciennement c'était là que se tenait la vente des menues denrées qui se pèsent avec la romaine, vulgairement nommée crochet. Plus anciennement, cette rue se nommait rue du Puits, à cause du puits qu'on voit encore près de la sacristie.

(1) Au XIIe. siècle, un W. Dodeman, chevalier, dont le nom accuse bien l'origine danoise, était seigneur de Ménilglaise (canton d'Écouché); il délivra, en faveur de l'abbaye de St.-André de Gouffern, une charte confirmative de celle par laquelle son oncle, Jean de Ménilglaise, avait concédé le patronage de cette église à ladite abbaye : *Omne jus patronatus ecclesie de Mesnil Esc.* Il confirma d'autres aumônes en terres, concédées au même monastère, par son père et un autre oncle, nommé Torel (*) (*Cartulaire de l'abbaye de St.-André*, f°s. 65 r°. et 66 v°. Archives du Calvados). La rue Dodeman est mentionnée dans un acte de 1439.

(*) Ce personnage fut probablement le même que celui qui est connu sous le nom de Torel d'Écouché, et qui fut assassiné ou tué en duel par un nommé Roger Livarde, ainsi qu'il résulte du compte rendu à l'Échiquier de Normandie, pour l'année 1184, par un comptable nommé Raoul fils Herbert, *de catallis Rogerii Livarde, fugitivi pro morte Torel de Escocie* (*Grands Rôles de l'Échiquier de Normandie*, publiés par MM. Léchaudé-d'Anisy et A. Charma, dans les *Mémoires de la Société des Antiquaires de Normandie*, t. XVI, p. 109, c. 2.

Les noms de rue du Moulin, rue St.-Nicolas, rue du Four-Neuf, n'ont pas besoin d'explication; la rue du Fourneau est anciennement connue sous ce nom : en 1458, on la nommait rue du Fournel; nous ne savons à quelle industrie ce nom fait allusion.

La rue et la chaussée du Pont-d'Udon se nommaient, en 1458, chaussée et rue d'Udon, et, en 1657, du Boulenier. Quelques anciens noms ont disparu; c'est ainsi qu'en 1301 on parlait de la rue *ès Boeux :* nous ne savons à quelle rue ce nom s'appliquait.

Mentionnons encore *la voie de devant le fort.* Cette désignation s'applique à l'abornement d'une pièce de terre, à la date de 1388. Ce fort était donc en dehors du bourg; il était peut-être sur le chemin d'Argentan qui longe l'Hospice. Dans un acte de 1576, il est question des *buttes St.-Mathurin.* Ne désignerait-on point par là quelque défense avancée connue sous ce nom? Il n'en reste aucune trace aujourd'hui.

Les habitants d'Écouché se sont généralement adonnés à la culture; beaucoup de leurs maisons étaient contiguës à des granges, à des mares à fumier, ainsi que cela se voit encore. Au moyenâge, ces demeures, désignées dans les actes sous le nom d'*hébergements,* étaient situées dans les rues les plus éloignées du centre; les bourgeois, s'occupant du négoce, habitaient presque exclusivement la Grande-Rue et les abords des halles. On nommait quelquefois *hôtels* les maisons de cette rue. Ainsi, dans un acte passé en 1457, une rente constituée en faveur du trésor de l'église d'Écouché est assise sur une maison située en la Grande-Rue, *entre l'ostel qui fut Roger de Sérans et l'ostel qui fut Jehan Chevalier*. Ces habitations avaient, d'après les mêmes actes, « cour, courtil, porche et issue. »

Ceux des bourgeois d'Écouché qui ne s'occupèrent point de la culture des terres s'adonnèrent à la fabrication des étoffes de laine, et à la préparation de la matière première : ce qui fit donner aux habitants du bourg le surnom de *purins*, à cause du suint ou *purin* de la laine qui s'en échappe pendant la fabrication. Ce sobriquet est commun à toutes les localités qui se livrent à cette industrie.

Cette fabrication de draps et de frocs était fort répandue dans tout le pays pendant le moyen-âge ; c'est ce qu'attestent les nombreux moulins à foulon qui couvraient la contrée. Il y avait peu de paroisses qui n'en possédassent plusieurs ; les habitants d'Écouché les utilisaient pour leur industrie, aussi bien que les habitants des campagnes, qui faisaient fouler à ces usines les grossières étoffes dont ils s'habillaient. De là, dans les aveux des domaines sur lesquels s'élevaient ces moulins, les habitants en étaient déclarés banniers.

Quant aux nobles et aux riches, ils dédaignaient ces étoffes communes, et, au XIIe. siècle, un homme bien mis portait un vêtement de drap de Bernay. Cette ville jouissait alors, sans doute, de la célébrité qui distingue aujourd'hui celle d'Elbeuf (1).

La fabrication des étoffes ne fut pas la seule industrie de nos campagnes ; nous avons rencontré, dans un titre du commencement du XIVe. siècle, la mention d'une usine nommée *Mallerie*, servant à la préparation du chanvre ; elle était située dans la paroisse de Sérans (2). Une pièce de terre

(1) Un Guillaume de Montgaroult, qui avait aumôné l'église de ce nom à l'abbaye de St.-André-de-Gouffern, avait obtenu des moines la nomination de son fils, Guillaume, à la cure de cette paroisse. Ce prêtre, méconnaissant son devoir, voulut s'approprier les biens de la cure qui lui était confiée. Les moines finirent par le ramener à de meilleurs sentiments ; mais ils furent obligés de payer largement son retour à la justice : ils comptèrent à ce prêtre et à son frère, Urselle, une somme de 20 livres d'Anjou, sans parler des cadeaux de toute nature dont il fallut combler la famille ; savoir : une vache à l'épouse d'Urselle, une autre vache à sa fille aînée, et à chacun de ses fils une tunique de drap de Bernay, *unam tunicam de pannis Bernaii*. Cet accord fut fait sous les auspices de Jean, comte de Ponthieu, et en sa présence (*Cartulaire de l'abbaye de St.-André-de-Gouffern*, f°. 78 r°. Archives du Calvados).

(2) Charte de Robert de La Ferrière, chevalier ; confirmation du don de la chapelle de Bernay-sur-Orne à l'abbaye de Cerisy-Belle-Étoile, ainsi que de pièces de terre dont une située près *la Mallerie* de Sérans (1265) (Chartrier de Bernay-sur-Orne).

voisine du moulin de ce lieu se nomme encore *les Malleries*. Nous ne pousserons pas plus loin cette recherche, qui est en dehors de notre cadre.

Les habitants d'Écouché se livrèrent à la préparation des cuirs, et leurs tanneries eurent un certain renom; quelques-uns pratiquèrent la mégisserie. En 1560, la veuve d'un parcheminier fondait des messes pour son mari dans l'église d'Écouché.

Ces différents métiers formèrent des corporations qui s'établirent en confréries religieuses ; nous en parlerons plus loin.

Les produits de ces industries, ainsi que de la culture des terres, se vendaient à Écouché dans deux marchés chaque semaine, le vendredi et le mardi, et, en outre, dans trois anciennes foires, nommées la Guibray ou foire de la Notre-Dame de la mi-août; la foire Angevine, qui se tenait le 8 septembre (elle existait déjà, nous l'avons vu, du temps de Philippe-Auguste, et elle a conservé son importance jusqu'à notre époque), et enfin la foire aux Malades, ainsi nommée parce qu'elle avait lieu sous les murs d'une ancienne léproserie dépendante du bourg d'Écouché, située au hameau d'Udon, dans la paroisse de Sevray; elle se tenait le premier lundi après la St.-Denis.

Lorsque Jean-Baptiste Ango, seigneur de la Motte, fit ériger ce domaine en marquisat, ainsi que nous l'avons rapporté, les lettres-patentes de Louis XIV lui accordèrent le privilège d'établir sur ses terres un marché et quatre foires chaque année : les 14 janvier, 3 mai, 30 juin et 18 octobre. Le sieur Ango jugea que la paroisse de Vieux-Pont était le point de son marquisat qui convenait le mieux à la tenue de ce marché et de ces foires. Il choisit le mardi pour son jour de marché. Lors de l'enquête qui eut lieu à cette occasion, le sieur Claude Le Tonnelier de Breteuil, baron d'Écouché, intervint et fit opposition à l'établissement du marché le mardi, parce que, disait-il, le bourg d'Écouché était en possession d'un marché ce jour-là. A l'appui de son assertion, il produisit des procès-verbaux de ventes de biens meubles, opérées par ministère de sergent, aux marchés du mardi à Écouché, pour les années 1661, 1687, 1688 et, en outre, un procès-verbal de visite faite par le sénéchal du lieu, le mardi 9 septembre 1670, du pain exposé par les boulangers au marché de ce jour, lequel constatait saisie de trois pains et condamnation d'un boulanger à l'amende. De son côté, le sieur Ango soutenait que le sieur Le Tonnelier n'avait pas droit d'un marché le mardi à Écouché ; que seulement on vendait ce jour-là, dans la halle, les grains qui n'avaient pas été vendus le vendredi et le peu qu'on y pouvait apporter. Malgré cet aveu assez explicite du sieur

Ango, l'affaire, portée devant le Parlement de Normandie, fut jugée en sa faveur; l'arrêt qui fut rendu débouta le sieur de Breteuil de son opposition et le condamna aux dépens. Ce jugement est du 27 août 1696.

Les foires et le marché de Vieux-Pont ne répondant pas à un besoin réel, ne purent s'établir ; il fallut y renoncer,

Le successeur du marquis de La Motte étant devenu propriétaire de la baronnie d'Écouché, obtint, à la date de 1731, des lettres-patentes de Louis XV, pour l'annexion de cette baronnie à son marquisat, lesquelles furent enregistrées, après une enquête qui ne donna lieu à aucune opposition, le 15 novembre 1731 (1).

(1) Cette réunion ne pouvait avoir lieu sans le consentement du comte de Montgommery, parce qu'elle changeait la mouvance féodale de la baronnie d'Écouché. Aussi M. de La Motte obtint-il la déclaration suivante : « Par devant le notaire royal du bourg du Mesle-sur-Sarthe, le 29 septembre 1731, après midi, « au château du Mesle, fut présente
« haute et puissante dame Madame Marguerite-Elisabeth Le Maire de
« Moulinaut, comtesse de Montgommery, veuve de haut et puissant
« seigneur Nicolas-François de Montgommery, en son vivant, che-
« valier, seigneur du lieu, baron des baronnies d'Éco, St.-Georges,
« Vignats, St.-Sylvain, la Brevière, Verneuilles, Camembert, les
« Ligneries, Écorches, Trun, le Mesle-sur-Sarthe, Beaumont, pays
« d'Orléans, demeurant en son château du Mesle, laquelle par ces
« présentes a consenti que M. le marquis de La Motte-Lézeau fasse
« réunir la noble terre et baronnie d'Écouché, relevant de Mont-
« gommery, à son marquisat de La Motte-Lézeau, parce que, no-
« nobstant ladite réunion, la mouvance et autres droits qui sont acquis

Aussitôt la réunion consommée, le marquis de La Motte remontra, dans une requête au roi, que les quatre foires et le marché que son père avait obtenu l'autorisation d'établir à Vieux-Pont par lettres du feu roi, n'avaient pas eu le succès qu'on en avait attendu ; il sollicita donc la permission de transférer ces quatre foires dans le bourg d'Écouché, et même d'en établir deux nouvelles.

Le roi délivra des lettres-patentes à cet effet dans les termes les plus flatteurs pour le postulant, dont il voulait récompenser les services, et lui accorda par ces lettres les six foires demandées ; elles devaient se tenir le 14 janvier, le 24 février, le 30 avril, le 25 mai, le 27 juin et le 15 juillet, aux lieu et place de celles qui avaient été créées et établies à Vieux-Pont. Ces lettres sont datées de Versailles, l'an de grâce 1730.

Après les publications faites aux églises d'Écouché et de Vieux-Pont ainsi qu'aux marchés circonvoisins, il fut procédé à une enquête, comme il avait été fait pour les foires de Vieux-Pont, sous la direction du même président, Étienne Le Bas, écuyer, sieur du Coudray, chanoine et archidiacre de Lisieux, conseiller en la Cour du Parlement de Normandie.

« audit comté, selon lesdites mutations, lui demeure conservée et sans
« attribution de nouveaux droits, au moyen desquelles réserves ladite
« dame a donné son consentement, etc. »

Suivant l'usage accoutumé, M. le Procureur-général du roi désigna un certain nombre de témoins, en cas qu'il ne s'en présentât point ; ce furent : 1°. Jean-Baptiste Le Verrier, écuyer, sieur de La Conterie (1), brigadier des gardes-du-corps du roi, demeurant en la paroisse de St.-Brice, âgé de 60 ans ; 2°. Jean Le Marchand, écuyer, sieur des Ligneries, chevalier de l'ordre militaire de St.-Louis, demeurant en la paroisse de Montgaroult, âgé de 64 ans ; 3°. Daniel Le Petit, écuyer, sieur des Ifs, demeurant en la paroisse de Sérans, âgé de 45 ans ; 4°. M^{tre}. Pierre Aubert, prêtre, vicaire d'Écouché, âgé de 30 ans ; 5°. M^{tre}. Pierre-Auguste Maurice, prêtre, demeurant à Écouché, âgé de 28 ans ; 6°. M^{tre}. Pierre Corbin, prêtre, âgé de 32 ans, demeurant à Écouché ; 7°. Robert de La Marre, notaire à Écouché, âgé de 44 ans ; 8°. Yver Metivier, marchand, demeurant à Écouché, âgé de 58 ans. La déclaration de ces témoins fut unanimement favorable à l'érection des nouvelles foires ; mais, de plus d'un côté, des réclamations s'élevèrent. Le sieur Jacques Lautour, procureur au bailliage et vicomté d'Argentan, substitué par procuration à M^e. Pierre-Charles Boirel, conseiller

---

(1) Il était de la même famille que Le Verrier, sieur d'Amigny, auteur cynégétique estimé, qui publia plus tard l'*Ecole de la chasse aux chiens courants*. Rouen, 1763. Le fief de la Conterie était situé dans la paroisse de St.-Brice-sous-Rânes.

et avocat du roi aux juridictions d'Argentan, porteur de la procuration de Mg^r. le Duc du Maine et de Mme. la Duchesse du Maine, seigneurs d'Argentan, demanda acte de l'opposition mise par ces seigneurs à l'établissement de deux des foires en question, celles du 30 avril et du 15 juillet, parce qu'elles coïncidaient avec deux foires de la ville d'Argentan ; savoir : la première avec celle de la Quasimodo, et la seconde avec celle de Saint-Pierre-ès-Liens.

Le même Jacques Lautour, au nom du sieur Jacques Prouvère, sieur de La Paumerie, avocat et administrateur de l'hôpital d'Argentan, mit également opposition à l'établissement de ces deux mêmes foires, par le motif que l'Hospice prenait un droit sur les foires d'Argentan.

Il se produisit une autre opposition de la part de Mg^r. André-Hercule, cardinal de Fleury, ministre d'État, grand aumônier de la reine, surintendant général des postes, courriers et relais de France, abbé commendataire de l'abbaye royale de Saint-Étienne de Caen et, en cette qualité, seigneur et baron de Trun, parce que les foires projetées coïncidaient avec quelques-unes de celles établies en ce bourg.

M. de La Motte-Lézeau, pour éviter un procès, adressa au Parlement une requête datée du 20 août 1732, par laquelle il déclarait consentir à rendre indemnes les droits et intérêts des opposants. En conséquence, il abandonna la foire du 25 mai, laissa fixer celle du 30 avril au 25 novembre et celle du 15 juillet au 14 août. Les trois autres demeurèrent fixées aux jours marqués dans les lettres-patentes, lesquelles, au moyen de cet accord consenti par les parties, furent enregistrées par arrêt du Parlement du 1er. décembre 1732. Ces nouvelles foires ne détruisirent pas les anciennes. L'Angevine a toujours été et est encore la plus importante de la localité. Une autre lutte d'importance avec elle : c'est la foire de la Chandeleur, qui fut enlevée au domaine de La Motte. Lorsque le sieur Ango acheta d'un sieur du Monnier, écuyer, sieur du Mesnil-en-Joué-du-Plain, sa terre du Mesnil, par contrat passé le 11 juin 1688, on fit, dans l'énonciation des prérogatives et droits utiles attachés à ce fief, figurer les droits que le sieur vendeur pouvait avoir sur la foire de la Chandeleur se tenant dans la paroisse de Joué-du-Plain : elle était donc antérieure aux nouvelles foires du marquisat de La Motte. Les seigneurs de ce domaine continuèrent à jouir de cette foire qu'ils firent tenir dans les avenues de leur château jusqu'à la Révolution ; elle fut alors transférée au bourg d'Écouché.

Il nous reste à dire un mot des voies qui convergeaient vers les quatre portes du bourg. Celle qui a conservé le plus d'importance est la route impériale de Paris à Granville, qu'on suivait autrefois pour aller de Paris à Rennes. En 1700, les messagers qui transportaient les voyageurs sur cette voie, après avoir couché à Argentan, traversaient Écouché, allaient dîner à Fromentel, dans une hôtellerie d'assez belle apparence aujourd'hui transformée en maison de ferme (1), et continuaient leur trajet avec la même rapidité. Bientôt, peut-être, cette route sera remplacée par le chemin de fer de Paris à Granville, et les voyageurs seront transportés dans la capitale en moins de temps qu'il n'en fallait pour franchir la distance d'une couchée à la dînée.

Cette route de Bretagne était désignée, au moyen-âge, sous le nom de Chemin-le-Comte

---

(1) Il nous a été donné de parcourir un curieux manuscrit anciennement conservé au château des Yveteaux et contenant, entre autres choses, une généalogie étendue des seigneurs de ce domaine. Il fut composé par un personnage qui ne se nomme pas, mais qu'un hasard fit arriver à ce château, en l'année 1700. Il débute ainsi : « J'étais « party de Paris par la voie du messager de Rennes pour, de là, « m'embarquer à Brest ; mais je me trouvai incommodé à Argentan et « étant encore allé quatre lieues au-delà, je fus obligé de m'arrêter à « Fromentel, dans une grande et belle hôtellerie où le messager dîna. « Je le laissai poursuivre sa route. » Bref, l'inconnu étant allé, le dimanche suivant, à la messe aux Yveteaux, fut engagé par le châtelain à venir prendre l'hospitalité chez lui. Il goûta tellement ce séjour qu'il y passa une année entière. Il paya la gracieuseté de son hôte en rédigeant la généalogie de sa famille et en remplissant son volumineux manuscrit d'une foule de dissertations métaphysiques parfaitement illisibles.

(1436), à cause du comte d'Alençon qui était seigneur du pays. Nous ne dirons rien des autres chemins dont l'ancienneté ne peut être précisée; mais nous mentionnerons d'antiques voies, aujourd'hui abandonnées et inconnues, qui furent fréquentées par les Romains et leurs successeurs. Dans les anciens titres, elles sont désignées sous le nom générique de Chemin du *Ré* (du roi). Nous en avons rencontré deux : la première, traversant la paroisse de Joué-du-Plain, se dirigeait probablement sur Carrouges et Alençon ; nous n'avons pu l'étudier ; l'autre, se détachant du chemin de Bretagne au pont d'Udon, s'écartait à droite, longeait pendant un certain temps la rivière d'Orne en passant par le val d'Orne et les prairies de Vigneral, se dirigeait vers le plateau du *Chêne à l'homme*, dont le bois a été utilisé dès les temps les plus reculés pour l'exploitation des nombreuses forges à bras qui ont couvert le sol de scories, et, de là, se rendait au gué de Rouvre, d'où, sans doute, elle conduisait à la station romaine de Jublains. A sa sortie d'Écouché, elle traversait, en évitant les pentes rapides, les paroisses de Sevray, de Bernay, de Batilly, de Méniljean, de La Lande-de-Lougé, des Yveteaux, de Montreuil-au-Houlme, de Faverolles, etc. Cette voie avait reçu, au moyen-âge, un nom particulier qu'elle a encore conservé dans ses tronçons, qui ne servent plus qu'à l'exploitation des terres ; on la connaît sous la désignation de *rue Mancelle* ou Mançaise ; sur la paroisse de Batilly, elle se nommait la *Haute-Voie,* bien qu'aucun terrassement n'eût exhaussé la chaussée ; ce nom est resté à la bruyère qu'elle traversait. Cette antique voie fut déclassée, au XVIIe. siècle, par arrêt du Parlement de Rouen, pour la portion comprise entre le pont d'Udon et la paroisse de Bernay-sur-Orne, parce que son parcours sur le domaine de Vigneral, dans les prairies souvent inondées, était impraticable, et aussi, peut-être, parce que le seigneur du lieu, membre du Parlement, n'était pas fâché de dégrever sa terre de la servitude de ce chemin (1).

Il y a quelques années, nous fîmes une découverte qui atteste l'antiquité de cette voie : à environ 200 mètres de son tracé à travers l'ancienne paroisse de Bernay-sur-Orne, nous mîmes au jour une substruction gallo-romaine, dallée en ciment et remplie de débris attestant une destruction violente, tels que briques à rebords et autres d'échantillons variés ; poteries, depuis les plus grossières jusqu'à ces petits vases rouges portant l'estampille du fabricant et dont la forme

---

(1) Une expédition de cet arrêt se trouvait conservée au château de Vigneral ; depuis la destruction de ce château, le chartrier a été dispersé.

est si élégante ; nous y rencontrâmes des fragments de fioles de verre, des clous et autres ferrements. Non loin de là nous découvrîmes une meule de moulin à bras en poudingue. Il est probable que cette voie fut le chemin suivi, au XIIe. siècle, par les bandes angevines qui couvrirent le pays de meurtres et de ruines.

Jusqu'ici nous avons traité des sujets qui n'intéressent les habitants d'Écouché qu'indirectement ; nous allons maintenant, assister à leur vie commune ; c'est, à coup sûr, le point le plus intéressant de notre étude. Nous les verrons, en dehors des franchises municipales, reporter toutes leurs aspirations et toutes leurs forces vers l'administration des biens de l'église, animés qu'ils étaient d'une foi ardente, et de cet amour du clocher qui est, sous sa forme la plus modeste, le sentiment patriotique lui-même. Ils déployèrent toujours un grand zèle et un incomparable dévouement à défendre et administrer leur pieux patrimoine, à soulager les misères de leurs frères. L'église paroissiale faisait l'orgueil de tous : aussi tous prenaient-ils part à l'administration de ses revenus. Il faut arriver au XVIIIe. siècle, pour voir se restreindre cette solidarité qui liait les habitants d'une paroisse, riches et pauvres, grands et petits (1). Sur un avertissement donné du haut

---

(1) Dans le courant du XVIIIe. siècle, il se manifesta, dans les assem-

de la chaire paroissiale, ils se réunissaient en grand nombre, les présents se faisant forts pour les absents, et discutaient les affaires de leur fabrique et les intérêts du trésor.

Cette caisse communale, dans des cas urgents et imprévus, offrit quelquefois aux habitants des paroisses un crédit qu'ils eussent vainement cherché ailleurs (1).

---

blées de paroisses, des tiraillements suscités par des avocats de village, ce qui nécessita de nouveaux réglements. Ainsi, à la date du 26 juillet 1751, la Cour du Parlement de Rouen rendit un arrêt portant règlement des assemblées générales de paroisses. Il stipula que ces sortes d'assemblées seraient composées, dans les villes, de 6 marguilliers et 12 propriétaires; dans les campagnes, de 4 marguilliers et 4 propriétaires. « Auparavant, est-il dit dans l'exposé, tout habitant avait droit de se « présenter aux assemblées générales de paroisses, quels que fussent « son état, ses connaissances, ses facultés; mais on n'apportait plus à ces « réunions l'amour du bien public, le désintéressement et la charité « qui avaient régné dans ces assemblées aux époques antérieures. « Au contraire, il se produisait des divisions qui se traduisaient par « des entêtements non raisonnés, ce qui amenait des invectives, des « luttes. » Malgré ces réglements, le mal se continua et à la suite de tristes désordres qui, en particulier, se produisirent à Caudebec avec le caractère le plus grave dans une réunion du 10 mai 1784, la Cour, les Chambres assemblées, rendit un nouvel arrêt réglementaire à la date du 21 décembre suivant, portant que, dans les villes ainsi que dans les campagnes, il ne serait appelé dans les assemblées générales de paroisses que les curés, les anciens et nouveaux trésoriers comptables, les ecclésiastiques, les gentilshommes, les officiers de justice, de quelque siége qu'ils fussent, les maires, les échevins et les syndics, tant anciens que modernes, ceux qui dans les villes remplissaient les fonctions de notables, et enfin les propriétaires et habitants payant au-dessus de 10 livres de capitation ou de gros de la taille.

(1) Ainsi, dans un ancien registre des comptes de la fabrique de

Écouché, outre son église paroissiale, possédait encore des chapelles, un hospice et une maladrerie ou léproserie, supprimée depuis long-temps. Nous parlerons en détail de ces divers établissements.

X. — ÉGLISE PAROISSIALE.

Nous ne chercherons pas à donner une date à la fondation de la paroisse d'Écouché, qu'il faut nécessairement faire remonter à la conversion de toute la contrée au christianisme. Son église fut dédiée à la Sainte Vierge, sous le patronage de laquelle elle se trouve encore.

Après l'établissement de Rollon dans la Normandie, les temples détruits furent réédifiés, et on conserva aux paroisses les circonscriptions qu'elles avaient avant l'invasion danoise. Les nouveaux seigneurs du pays, devenus chrétiens, se conformant aux prescriptions de la loi religieuse, dotèrent ces églises de la dîme de leurs domaines ;

Courteilles, f°. 62, année 1636, nous trouvons la mention suivante :
« Item. Le trésorier en promit pour le gage faict audict trésor par
« Léonard Rastel, trésorier moderne, à la dernière visitation, qui se
« monte à 90 livres, sur laquelle somme le général des paroissiens de
« ladite paroisse *ont prins par forme de emprunt à la charge de rendre*
« *audict trésor, à lever, vestir, armer et payer ung soldat fourny*
« *par ladicte paroisse à M*gr*. le comte de Grancé, suivant le*
« *commandement exprès de Sa Majesté, la somme de 66 liv....* »

mais, à cette époque si agitée, il n'y avait rien de stable. Ce que le possesseur actuel donnait, l'héritier le reprenait; et les seigneurs normands, tout en maintenant la dîme sur leurs vassaux, au lieu de l'attribuer à l'église de leur paroisse, se l'approprièrent et s'emparèrent des églises elles-mêmes; ils les firent desservir par des clercs à gages, de sorte que les laïques purent bénéficier de l'administration des sacrements. Cet abus intolérable fut combattu par l'Église qui, pour engager les usurpateurs à restituer ces bénéfices, leur accorda en échange le droit de patronage sur ces églises, comme s'ils les eussent fondées (1).

C'est ainsi qu'au XIe. siècle, l'église d'Écouché et ses revenus se trouvaient en la possession non des seigneurs du lieu, mais bien de Guillaume de Briouze, qui s'en dessaisit en faveur des moines de l'abbaye de St.-Florent de Saumur, pour aider à la fondation d'un monastère dépendant de cette abbaye, auprès de son manoir de Briouze (2). Cette donation eut lieu en l'année 1080, quand Guillaume-le-Conquérant avait entre ses mains le domaine d'Écouché.

(1) Voir les *Ordonnances des rois de France*, t. I, p. 27 (note).
(2) Voir notre Notice sur le prieuré de Briouze et particulièrement la charte de fondation délivrée par Guillaume de Briouze, qui se trouve à l'Appendice. *Mémoires de la Société des Antiquaires de Normandie*, t. XXII, p. 149.

Cet acte constituait pour l'église du bourg une position dépendante de l'abbaye de St.-Florent et, indirectement, du prieuré de Briouze qu'elle conserva jusqu'à la destruction des maisons religieuses.

Quelle importance eut l'édifice consacré au culte pendant la période normande? Nous l'ignorons. Il disparut vers le XIIIe. siècle, pour faire place à une construction presque remplacée elle-même, mais que nous pouvons apprécier par ce qui en reste : une partie de la nef et deux pans de murailles du vieux clocher. Cette ancienne nef est séparée de ses bas-côtés par un rang de colonnes monocylindriques, surmontées de chapiteaux unis, sauf deux ou trois assez élégants dont la volute est ornée de trèfles d'eau. Les bases sont enfouies à 70 centimètres au-dessous du sol, qui a été exhaussé au niveau du pavage de l'église actuelle. Ces colonnes supportent des arcades ogivales sans moulures, dont les arêtes sont abattues en chanfrein. Cet ancien édifice, qui accuse la seconde moitié du XIIIe. siècle, offre peu de caractère architectural.. Le pignon ouest est seul percé de trois larges ouvertures, dont la forme, aussi bien que les moulures et les meneaux prismatiques, indique le XVe. siècle. Ce travail dut être exécuté lorsqu'on commença la construction de l'église nouvelle ; quand on eut abattu l'ancien chœur, le culte fut célébré dans cette nef, que l'on sépara des constructions récentes par un mur provisoire ou une cloison. C'est alors que, pour donner du jour à ce vaisseau qui en manquait, on ouvrit les croisées dont l'architecture est en désaccord avec l'édifice.

Au nord de cette nef, vers sa jonction avec le chœur, s'élevait une tour carrée, servant de clocher, actuellement démolie en partie, dont l'étage inférieur, ouvert sur chacune de ses faces par des baies ogivales d'un style lourd, sans moulures et sans fermetures, servait de péristyle ou narthex, d'où l'on pénétrait dans l'église par une porte également ogivale, maintenant murée, mais qui se voit encore.

Tout cet ancien édifice était destiné à disparaître devant le monument inachevé qui devait prendre sa place. A quelles circonstances devons-nous attribuer la pensée de cette construction dont les vastes proportions ont été, pour les générations qui suivirent, un legs si onéreux qu'elles furent impuissantes à la terminer? Nous ne saurions le dire bien positivement; nous ne pourrions pas non plus assigner une date précise à son commencement. La tradition, les documents écrits, tout ici nous fait défaut. Toujours est-il qu'en l'année 1394 le chœur de l'église menaçait tellement ruine, que, bien que la réparation incombât au prieur de Briouze et au curé d'Écouché, en conséquence de leur qualité de gros décimateurs, les habitants consentirent à y contribuer, mais *pour cette fois seulement* (1).

En l'année 1416, le chœur de l'église existait encore (2). Nous arrivons ainsi à l'occupation anglaise avec un édifice peu solide et dont la pauvre architecture ne répondait plus au goût de l'époque. Faut-il, d'après la tradition, attribuer la reconstruction à ces étrangers ? Nous ne le pensons pas : ils étaient trop mal assis dans leur conquête pour fonder des établissements de cette importance. Nous croyons qu'ils détruisirent bien plus de monuments qu'ils n'en édifièrent. Il ne faut pas plus s'arrêter à cette autre tradition populaire qui attribue cette entreprise à une demoiselle de

---

(1) Le procès-verbal de visite de l'église d'Écouché par l'archidiacre, en cette année, contient la mention suivante : « Discussio erat inter « priorem et rectorem et parochianos de reparatione cancelle ; tamen « concordaverunt insimul ; itaque parochiani dicte parochie dederunt « priori et rectori octo lib. tur. pro dicta reparatione facienda, *pro « ista vice tantummodo*. Tamen invenerunt in regestro antiquiore, quod « prior et rector tenentur ad dictam reparationem » (Archives de Maine-et-Loire. Fonds de St.-Florent).

(2) Ceci semble résulter du texte d'un devis de reconstruction de la chapelle St.-Denis, à Ecouché, dans lequel on indique une disposition de siéges copiés sur ceux qui existent autour du chancel de l'église du lieu, ce qui ne peut s'appliquer aux dispositions du chœur que nous voyons. Nous donnons, à l'Appendice, n°. 11, ce devis comme étude curieuse des anciennes constructions dans lesquelles la charpente jouait un rôle si important, et aussi comme appréciation des anciennes mesures.

Montgommery, laquelle en aurait fait presque tous les frais. A quel titre un membre de cette famille eût-il jeté des sommes si importantes dans une localité qui lui était étrangère, ainsi que nous l'avons vu ? C'est une allusion au legs que Mme. de Chastenay, veuve de Gabriel III, comte de Montgommery, fit à l'église pour la fondation de la Confrérie du Rosaire, en l'année 1650. Alors cet édifice était avancé au point où nous le voyons. Si l'on interroge le monument lui-même, son architecture accuse la fin du XVe. siècle, le XVIe. et le XVIIe. Nous allons tâcher de jeter quelque jour sur cette obscure question.

Après les désastres de toute nature dont l'occupation anglaise avait affligé le pays, les populations se sentirent renaître à l'espoir et à la confiance. Vers la fin du XVe. siècle, le besoin de la reconstruction de l'église d'Écouché se faisant sentir plus que jamais, les habitants se mirent résolûment à l'œuvre. S'il faut attribuer cette vaste conception au sentiment religieux de la population, on doit convenir que cet élan dut correspondre à une ère de richesse, qui put donner à l'entreprise projetée une importance que les générations du XIIIe. siècle, incontestablement plus pieuses que celles qui virent poindre les orages de la Réforme, ne lui avaient donnée. De nombreuses églises élégantes datant de cette époque, en Normandie, sont des témoins de la prospérité matérielle qui dut régner dans le pays à la fin du XVe. siècle et pendant la 1re. moitié du XVIe. La ville d'Argentan, entre autres, rebâtissait alors son église de St.-Germain. Cette construction eut une réelle influence sur les idées et les projets des habitants d'Écouché qui, rencontrant à côté d'eux un modèle selon les goûts du jour, et en même temps des maîtres maçons habiles, s'empressèrent d'utiliser ces ressources. En effet, les deux édifices ont beaucoup d'analogie de style.

On peut appliquer à l'église d'Écouché le jugement qu'un artiste normand portait sur les constructions de même époque dans la cathédrale de Strasbourg : « Style capricieux et lâché, aux « formes sans principe et sans fin, signe exact de « la personnalité morale des architectes contem- « porains de la Réforme (1). » Cependant, si nous ne rencontrons pas dans cet édifice l'ornementation si pure et si élégante du XIIIe. siècle, nous y reconnaissons néanmoins, dans le plan général, les traditions de la belle architecture religieuse. En somme, l'église d'Écouché est un monument

---

(1) *Voyage architectural en Allemagne*, par Louis-Alex. Piel, architecte, né à Lisieux, mort frère dominicain à Rome, en 1842. Paris, 1853.

remarquable, supportant le parallèle avec les belles églises des villes voisines.

L'édifice est inachevé. Il se compose du chœur terminé par une abside à trois pans, des transepts terminés de même et de la première travée de la nef, plus de quelques piliers commencés et pénétrant les arcades latérales de la vieille nef. Des bas-côtés sont accolés au chœur; ils sont fermés au chevet qui prend naissance aux pans coupés de l'abside; le bas-côté méridional se prolonge jusqu'à la travée de la nef. Des chapelles latérales s'ouvrent sur ce bas-côté.

Lorsqu'on pénètre dans l'édifice, un défaut capital choque à première vue, c'est le peu d'étendue du chœur qui est beaucoup plus raccourci que le transept. Il faut attribuer ce manque de proportion à l'exiguïté de l'espace. Derrière l'abside se trouvait la motte féodale, qui n'en était séparée que par une rue fort étroite. Peut-être trouva-t-on, de la part des seigneurs d'Écouché ou de leurs subalternes, une résistance invincible à laisser entamer ce signe de suzeraineté. Il est probable que ce fut la cause de cette imperfection de l'édifice. Le reste de la construction fut conduit largement.

L'axe du chœur est légèrement incliné vers le nord, suivant l'usage si fréquent des constructeurs du moyen-âge qui imprimaient à leur œuvre un cachet mystique, en symbolisant la mort du

Christ sur la croix : *Et inclinato capite, tradidit spiritum* (Saint Jean, ch. v).

L'édifice, à l'axe des transepts, mesure 36 mètres dans œuvre; les parties terminées sont à voûtes d'arête, à une hauteur d'au moins 20 mètres sous clef. Elles sont couvertes de moulures prismatiques partant du sol, et se rejoignant au sommet pour se ramifier en compartiments. L'intersection des voussures se trouve marquée par de lourdes clefs pendantes que relève une ornementation polychrome.

Les croisées sont divisées par des meneaux prismatiques ; quelques-unes de l'étage inférieur appartiennent au style qu'on nomme flamboyant. Le plus grand nombre offrent une décoration plus simple. Les meneaux verticaux se courbent en arcs pleincintre adossés à la hauteur de la naissance du cintre ogival de la baie. Cette disposition rappelle ce que les Anglais nomment *perpendiculary styl*. Elle est très-répandue dans les églises voisines. Quelques débris de verrières historiées figurent aux croisées de l'édifice, mais tellement mutilés, qu'il est impossible de saisir un sujet.

Les galeries ou claires-voies intérieures portent le cachet du XVIIe. siècle. Leurs arcades pleincintre sont supportées par des pilastres cannelés. Elles sont calquées sur celles de l'église St.-Martin d'Argentan et doivent avoir été dessinées par la même main.

Si cette construction est monumentale, l'ensemble général est d'un aspect pauvre et délabré. Ces piliers inachevés, cette absence de voûtes ou de lambris qui laisse voir les charpentes, ces moulures écornées, ces teintes vertes des murailles, ainsi que ce dallage inégal et enfoncé, tout atteste que les dernières générations ont été dans l'impuissance, non-seulement de continuer l'œuvre de celles qui les ont précédées, mais encore de la soustraire à la destruction du temps et d'effacer les ravages des hommes.

Vu de l'extérieur, l'édifice est également fort imposant; malheureusement, il est incomplet, même dans la partie édifiée. Les balustrades qui devaient couronner les murs du grand comble manquent, ce qui produit une nudité choquante.

Cette puissante construction est dominée par le clocher, qui s'élève à l'intersection des transepts avec le chœur et la nef. Masse pesante et sans goût, construite en dehors des traditions ogivales; œuvre du XVIIe. siècle, et probablement due à l'architecte qui dessina les galeries intérieures; on y reconnaît la même disposition de plein-cintre et de pilastres cannelés. Cette tour carrée est surmontée d'une balustrade à jour, et couverte d'un long toit d'ardoises à quatre pentes.

A l'un de ses angles se trouve placée en encorbellement une jolie tourelle terminée en dôme, surmontée d'une lanterne ; le tout en pierres de taille, servant de cage d'escalier, à laquelle on accède par une autre tourelle à pans dont les faces sont décorées d'arcatures sculptées. Elle s'élève de l'angle de la chapelle St.-Marc, et son toit aigu s'élance au-dessus des pinacles des contreforts.

Ces contreforts, construits dans le style primitif de l'église, ont leurs faces décorées d'arcatures d'un galbe un peu maigre. Ils sont surmontés par des pyramides quadrangulaires ornées sur leurs arêtes de choux frisés et de chardons ; les amortissements de leurs frontons sont formés par des groupes d'animaux finement sculptés, parmi lesquels on distingue le lion, le coq et surtout des ours qui se groupent dans diverses attitudes en grimpant le long des feuillages. Sur quelques-uns des contreforts, le clocheton pyramidal est remplacé par des lanternes accusant des retouches du XVIIe. siècle.

Il ne nous reste plus qu'à explorer les rares documents qui nous permettent de suivre les progrès de cette construction.

Depuis le début de l'œuvre jusqu'à l'année 1523, nous ne savons rien. L'édifice s'éleva au fur et à mesure des ressources, et, cette année, les travaux avaient acquis un certain degré d'avancement ; car on en était à vitrer les parties construites. Il n'y avait d'achevé que les murailles et la toiture, et peut-être encore dans certaines parties seulement, sans voûtes et sans clocher. Toujours est-il qu'à la date du 25 mars de cette année 1523, un nommé Nicolas de Raenne (Rânes), fils et héritier de défunt Jehan de Raenne, en son vivant, écuyer, donna aux Trésor et Fabrique de l'église d'Écouché un pré situé en la paroisse de Sevray, sur le bord du ruisseau de Gossul (la petite rivière la Maire se nomme actuellement, en cet endroit, le Gasseul), à la charge par les trésoriers de faire faire une vitre en *l'édifice de nouveau faict* et y mettre ses armes. Cette vitre devait être du prix de trente livres tournois. Le Trésor fut, en outre, tenu de faire célébrer quatre obits pour le donateur et sa famille (1).

Si l'édifice était peu avancé à cette époque, voici un document qui établit qu'il était encore bien incomplet en 1554 et que, de plus, la lourde charge de la construction pesait sur le Trésor. En cette année, les commissaires députés pour la

---

(1) Le titre original de cette fondation sur parchemin, signée de la main de Nicolas de Raenne, est conservé avec les titres de la Fabrique de l'église d'Écouché. Ce Nicolas de Raenne n'a rien de commun avec les seigneurs du château de Rânes. Ce domaine appartenait alors à François d'Harcourt, par suite de son union avec Anne de Saint-Germain. Une famille noble, du nom de Raenne, résidait à Écouché. Ses membres s'intitulaient bourgeois d'Écouché. Ainsi, en 1416, un Thomas de Raenne était trésorier de l'église et figurait, en cette qualité, au marché de reconstruction de la chapelle St.-Denis.

taxation des droits dus au roi à raison des francs-fiefs et nouveaux acquêts, quoique les réglements arrêtés par les patentes royales portassent qu'il serait exigé deux années de revenu, et que la déclaration faite par les trésoriers accusât un revenu de 77 livres 16 sols, les imposèrent seulement à la somme de 60 livres tournois. On crut convenable d'alléger sur ce point les obligations du Trésor, parce qu'il était chargé *de la réfection de l'église, présentement en ruines.*

Cette construction ne doit donc pas être attribuée, ainsi qu'on le fait généralement, à tel ou tel bienfaiteur puissant : ce fut une œuvre collective. Les biens du Trésor, administrés avec dévouement et économie, firent face à une partie des dépenses ; mais les habitants, soutenus par une vive et active charité, multiplièrent les pieuses donations et vinrent ainsi en aide à cette gigantesque entreprise, qui fut commencée avec cette foi dans l'avenir que nous avons perdue, et continuée avec persévérance, jusqu'à ce que l'impulsion vînt à s'affaiblir et que d'autres intérêts, d'autres idées eussent laissé les cœurs des dernières générations froids et indifférents pour l'œuvre de leurs pères.

Avant d'entrer dans quelques détails sur la construction, il est nécessaire de rappeler que, suivant les lois qui régissaient la matière, les décimateurs étaient tenus à la réparation du chœur des églises dont ils percevaient les dîmes. Les moines de St.-Florent ou leur représentant, le prieur de Briouze, qui se trouvèrent dans ce cas, firent la plus vive opposition au plan projeté, qui devait donner beaucoup plus d'importance à l'édifice nouveau que n'en avait l'ancien. Ils virent une lourde charge dans le présent pour sa construction, et dans l'avenir, pour son entretien. Nous n'avons aucun renseignement sur les premiers débats de cette affaire ; mais, en l'année 1529, à la date du 13 octobre, les bourgeois obtinrent contre le prieur de Briouze un arrêt de l'Échiquier d'Alençon, qui le condamna, par provision, à payer entre les mains du trésorier une somme annuelle de 13 livres 16 sols 8 deniers, sans préjudice de l'obligation d'entretenir le chœur de l'église. Cette rente en faveur de la Fabrique fut maintenue, presque sans interruption, jusqu'en 1789. Nous pensons qu'elle fut imposée au gros décimateur, comme indemnité permanente due au Trésor, en vue de la réfection du chœur.

Pendant le cours du XVIe. siècle, nous n'avons aucun détail sur la construction ; mais il n'est pas douteux que les troubles religieux qui agitèrent la seconde moitié de ce siècle durent grandement nuire à ses progrès, et même faire entièrement suspendre les travaux. Cependant, en l'année 1592, malgré la lutte des factions, nous voyons les trésoriers passer un traité devant les tabellions d'Écouché avec un carrieur d'Occaignes, pour la fourniture d'un cent de carreau *bon et suffisant, loyal et marchand*, aux prix et somme de six écus sol et quarante sous. Le transport d'Occaignes à Écouché ne coûta pas moins de 10 écus sol (1). C'est une preuve que l'œuvre se poursuivait ; malheureusement, nous ne sommes pas à même d'en fournir d'autres avant le premier tiers du XVIIe. siècle. Nous ferons remarquer que, pendant tout le cours de la construction, depuis son origine jusque long-temps après la cessation des travaux, les habitants entretinrent un logement ou magasin situé sur le terrain dépendant de l'église, nommé la *Loge aux maçons*, dont nous voyons figurer les dépenses d'entretien sur les registres des trésoriers pendant plus de 200 ans. C'était, comme la grue séculaire qui dominait la cathédrale de Cologne, une sorte d'engagement tacite d'achever l'œuvre commencée.

En l'année 1628, nous ne savons sous l'impression de quel stimulant les habitants d'Écouché résolurent de procéder à l'achèvement des travaux ; mais, ne voulant pas supporter à eux seuls cette dépense, ils intentèrent un nouveau procès au

---

(1) Pièce originale sur parchemin (*Archives de la Fabrique*).

prieur de Briouze pour le contraindre de contribuer à la réfection du chœur en proportion de ce qu'il percevait sur la dîme. Les trésoriers offraient de payer, sur un petit trait de dîme appartenant à la Fabrique, leur part dans la même proportion. Le prieur se montra aussi récalcitrant que son prédécesseur d'un siècle auparavant. Comme motif de son refus, il produisait une transaction passée, en l'année 1563, entre le prieur d'alors et les trésoriers, par laquelle celui-ci, se disant *mu en dévotion*, consentait à payer la pension fixée par l'arrêt de 1523, ainsi que les arrérages de cette rente qui pouvaient être dus, à condition qu'on ne lui demanderait rien de plus : ce à quoi il paraît que les bourgeois avaient consenti.

Les trésoriers en charge, Mᵉ. Jean Morin, prêtre, Mᵉ. Nicolas Étienne, sieur de la Guyonnière (1), conseiller du roi, lieutenant de courte-robe de M. le prévôt général de Normandie, et honnête homme Samson Ozenne citèrent le prieur de Briouze devant le lieutenant au bailliage d'Argentan, pour s'entendre condamner à payer sa part des dépenses nécessaires à l'achèvement du chœur. Il fut rendu, à la date du 28 décembre 1628, un jugement qui ordonna l'achèvement de l'église et condamna le

---

(1) Fief situé dans la commune de St.-Ouen-sur-Maire, tirant ce nom de celui d'une famille Guyon.

prieur à payer ce qu'on lui demandait. Celui-ci en appela au Parlement de Rouen qui, par son arrêt du 31 mai 1629, confirma ce jugement et renvoya les parties devant les premiers juges pour l'exécution et le réglement de la chose jugée. Le 3 novembre suivant, le lieutenant au bailliage les ayant citées à comparaître aux assises du lieu, leur enjoignit de désigner des experts aptes à faire une appréciation des travaux à exécuter. Les trésoriers choisirent Guillaume Cresté, Maurice Gabriel et Jean Bourdon, maîtres architectes et maçons de la ville d'Argentan. Le prieur de Briouze désigna, de son côté, Jean Chapron et son fils, maîtres maçons de la paroisse de St.-André-de-Briouze; mais les trésoriers les récusèrent, disant que ce n'étaient pas des experts, mais de simples maçons en blocage. Le prieur riposta que les Chapron étaient *experts à faire châteaux et couvents.*

Sur ce débat, le juge nomma d'office les trois frères Le Tort et Laurent Courtin, maîtres maçons de la ville d'Argentan, et condamna les parties à les payer à frais communs, à la diligence des trésoriers qui seraient remboursés de la moitié des frais.

Le 12 du même mois fut rendu un nouveau jugement confirmatif qui ordonna la rédaction d'un devis par les experts, et l'adjudication des travaux dont la dépense serait payée en trois ans, d'an en an, par lesdits prieur et trésoriers, en proportion de ce que chacun d'eux prélevait sur la dîme.

Pour l'exécution de ces divers jugements, le sergent royal Hérembert se rendit à Écouché, le 21 décembre suivant, accompagné des experts désignés : Sébastien, Pierre et Louis Le Tort et Laurent Courtin; et, en présence de témoins, il rédigea procès-verbal de l'expertise qui fut faite, de laquelle il résulta : « qu'il étoit nécessaire de faire
« une grande voûte au haut du chancel, qui a
« 28 pieds de long, et de large 20 pieds de roy,
« laquelle voûte consiste en dix branches; qu'il
« étoit indispensable pour le soustien de cette
« voûte, de voûter également les bas-côtés du
« chœur, lesquelles voûtes sont de 20 pieds de
« long et de 8 de large. Les experts estimèrent
« que, pour le salaire de cette besogne, à faire
« et fournir, tant de carreau que de chaux, sable,
« bois à faire les cintres, échaffaudages, etc., et
« la rendre bien et dûment faite, il devoit appar-
« tenir 1,800 livres, à moins de quoi lesdits maîtres
« maçons ne la voudroient faire. »

Il fut, à la suite de cette expertise, fait les proclamations nécessaires à l'adjudication, tant au marché d'Écouché du vendredi 25 que le dimanche 27 du même mois, aux prônes des grand'messes paroissiales d'Écouché, de Joué-du-Plain, de Sérans et de l'église St.-Germain d'Argentan, pour faire savoir qu'il serait procédé à l'adjudication des travaux d'achèvement du chœur de l'église d'Écouché.

En vertu d'une décision particulière, on fit intimer, par ministère de sergent, le sieur prieur, pour être présent, afin d'y garder son intérêt. Le devis portait que la besogne devait être achevée pour la fête de Noël 1630; que l'adjudicataire recevrait un tiers du prix à l'ouverture des travaux, un tiers à moitié de l'exécution, et le dernier tiers à leur achèvement. Ces sommes devaient être prélevées sur les fermages du prieuré, tant pour ce qui tombait à la charge du prieur que pour ce qui regardait les trésoriers, sauf à liquider entre eux par l'entremise des juges du bailliage.

On croit toucher au terme de ces débats; il n'en est rien. Le prieur, se trouvant lésé, fit tant qu'il parvint à remettre tout en question; on gagna ainsi l'année 1631 sans arriver à aucun résultat. Le 21 juin de cette année, Romain Broutin et Jacques Bellavoine, trésoriers, appelèrent de nouveau messire René Eudes, écuyer, sieur de St.-Roch, prieur de Briouze, devant le lieutenant au bailliage, pour l'exécution du jugement de 1629. Le prieur s'en tint toujours à l'offre de payer la rente de 13 livres 6 sous 8 deniers, disant qu'elle devait être sa part contributive; que cette somme, payée depuis nombre d'années, en se cumulant, suffirait à la construction des voûtes. Il fut rendu un jugement qui ordonna que l'adjudication serait passée devant le siége, au terme de huitaine, après l'accomplissement de nouvelles publications.

Cet arrêt ne reçut son exécution que l'année suivante. Le 28 juin 1632, l'adjudication eut lieu aux assises du bailliage à Argentan; il ne se présenta pour soumissionnaire que Nicolas Brière, de la paroisse de Fleuré, auquel les travaux furent adjugés au prix de 1,695 livres; il acquitta 4 livres 10 sous pour les frais (1).

Un arrêt du Parlement de Normandie, rendu en 1633, régla par provision la part contributive des parties, en attribuant un cinquième de la dépense au Trésor de l'église et à la Confrérie Notre-Dame pour le trait de dîme qu'ils percevaient dans la paroisse, et quatre cinquièmes au prieur. Cette proportion servit de règle plus tard, lorsqu'il fut question d'acquitter des dépenses nécessitées par les grosses réparations du chœur.

L'impulsion une fois donnée, on continua les travaux. Les transepts furent voûtés avec les seules

---

(1) Nous avons extrait les détails que nous venons de donner de nombreuses paperasses de procédures sur cet objet. Ces pièces très-incomplètes sont, en outre, dans un état de destruction très-avancé, par suite de leur séjour trop prolongé dans un lieu humide, de sorte que le moindre contact les réduit en poussière. On peut en dire autant de toutes les archives de la Fabrique, dont on a perdu beaucoup de titres par négligence.

ressources du Trésor. C'est ce que constatent des inscriptions qui subsistent encore à la surface de ces voûtes. Dans le transept septentrional ou chapelle du Rosaire, on lit: *Faite par.... Joachim Brière, trésorier de céans*, en 1636, et, dans le transept méridional ou chapelle St.-Jacques: *Ceste vouste a esté faicte faire, en 1637, par les trésoriers de céans, des deniers du Trésor.* Ces renseignements précieux ont échappé au grattage qui fut opéré avec la plus grande rigueur dans l'église d'Écouché pendant la période révolutionnaire. Nous ne savons à quoi attribuer cette miraculeuse exception; c'est que sans doute ces inscriptions ne blessaient en rien la susceptibilité égalitaire de la municipalité; et encore a-t-on fait disparaître la qualification qui accompagnait le nom du sieur Brière, probablement celle d'*honnête homme*, qu'on put trouver par trop aristocratique.

Quant à l'inscription assez étendue et de la même époque qui existait à la voûte du clocher, et qui pourrait nous renseigner sur la construction de cette voûte et du clocher lui-même, elle contenait, selon toute vraisemblance, quelques noms propres mal sonnants: aussi a-t-elle été impitoyablement mutilée; elle est complètement illisible. On a également fait disparaître quatre petits écussons coloriés placés sur les nervures.

Ces divers travaux, en épuisant les ressources

du Trésor, furent comme le dernier effort qui précède la cessation de la vie, le dernier jet de lumière avant l'extinction de la flamme. Voici l'état du Trésor de l'église en 1640, réclamé du curé par les trésoriers, nous ne savons dans quel but ; c'est un curieux bilan de la situation ; nous le transcrivons textuellement : « Aujourd'hui, 29 août
« 1640, devant nous, Philippe Chéradame, prê-
« tre, curé d'Écouché, se sont présentés : M^e. Ni-
« colas Durand, prêtre, et Simon Dupissot, tré-
« soriers de l'église paroissiale dudit lieu, lesquels
« nous ont requis leur donner attestation de l'estat
« et charges d'iceluy Trésor, ce que nous avons
« faict en la manière qui suit : c'est que icelle
« église est imparfaite, n'ayant encore que le chœur
« et deux chapelles de faictes, dont partie des
« vitres sont encore bouchées de présent. La nef
« n'étant que commencée, et le reste d'icelle en
« grande ruine, tant ès maçonnerie que couver-
« tures, et la place des vitres bouchée de gleu et
« prête à tomber, attendu le peu de revenu du
« Trésor, qui ne possède qu'un petit trait de dîme
« qui ne peut valoir de revenu annuel que la somme
« de 40 livres (1) l'un portant l'autre ; et quant

---

(1) Il faut généralement accepter avec réserve ces déclarations intéressées. Ainsi, pour le cas présent, nous avons sous les yeux des documents qui contredisent cette assertion ; ce sont des baux authentiques du trait de la dîme en question : l'un de 1591, qui en porte le revenu à 20 écus

« aux héritages et rentes qu'il possède, ils ont
« été aumônés par des particuliers, aux fins de
« leur faire dire un service, étant ledit Trésor
« subject à faire dire et célébrer 21 messes par
« chaque semaine, avec 12 messes à note, à diacre
« et à subdiacre, où assistent sept chapelains.... »
(Suit l'énumération des fondations et des charges qu'elles entraînent). « La grosse cloche,
« à present cassée,.... lequel Trésor n'a encore
« pu la faire refondre, attendu qu'il n'y a aucuns
« deniers au dit Trésor, qui est demeuré gran-
« dement redevable aux modernes trésoriers,
« comme il apparaît par la clausion du dernier
« compte-rendu devant le sieur archidiacre du
« Houlme. » Cette pièce est signée par le sieur Chéradame et un grand nombre d'habitants, tant prêtres que laïques, ainsi que par le syndic du bourg d'Écouché.

Désormais nous ne verrons plus entreprendre de grands travaux : tout se bornera à quelques constructions d'autels et à des réparations. Cependant les comptes de la Fabrique constatent une dépense assez forte, opérée pendant l'exercice 1654-1655, applicable à des travaux pour la

---

sol; un autre, de 1642, même prix. Deux ans après la déclaration du sieur curé, elle était adjugée à 90 livres; en 1646, à 75 livres; en 1648, à 112 livres; en 1672, à 151 livres 10 sols; en 1729, même prix ; en 1775. à 300 livres; en 1777, à 356, etc.

sacristie : ce qui semble indiquer que c'est à cette époque qu'il faut faire remonter cette construction parasite. On sait qu'avant le XVII°. siècle les églises étaient généralement dépourvues de ces annexes, devenues indispensables. Les prêtres revêtaient à l'autel leurs ornements, que l'on conservait dans des meubles. En l'année 1657, on fit faire un autel en bois pour cette sacristie.

L'autel du chœur ou maître-autel était fourni et entretenu par les paroissiens, ainsi que nous le voyons constaté par un procès-verbal de visite de l'archidiacre du Houlme, dans l'église d'Écouché, en 1427 (1) : « Parochiani reparant navem et *quæ ad altare pertinent.* »

Dans le cours du XVII°. siècle, la mode se propagea des grands rétables en façon de portiques, et peu d'églises échappèrent à cette innovation si peu en harmonie avec les édifices qu'on y soumettait. La Fabrique d'Écouché subit l'entraînement général, et, en l'année 1690, elle fit élever la contre-table que nous y voyons. Elle est due à un architecte d'Argentan, nommé Pierre Le Sage, et au ciseau d'un sculpteur de la même ville, nommé Jouanne. Les colonnes et huit plaques de marbre, qui entrent dans sa construction, furent achetées à Laval, au prix de 109

---

(1) Archives de Maine-et-Loire. Fonds de St.-Florent.

livres ; le transport coûta 20 livres. Ces marbres sont actuellement recouverts d'une couche de peinture, qui lutte de vérité avec la nature. Le tabernacle est l'œuvre d'un sieur de La Noë, sculpteur sur bois, d'Argentan. Ce fut messire Le Tonnelier de Breteuil, seigneur d'Écouché, qui fit don du tableau qu'on plaça au-dessus de l'autel ; le cadre, ou, comme on disait alors, la châsse fut exécutée aux frais du Trésor. Cette contre-table, flanquée de colonnes corinthiennes, est d'un assez bon style de l'époque ; mais les pans coupés de l'abside ont contrarié l'architecte dans son plan. Un buste du Père Éternel couronne l'œuvre, et, en même temps, la représentation symbolique de la Sainte Trinité ; au-dessous sont figurés le Saint-Esprit sous forme de colombe, et le Fils ou le Christ sur la croix et sous les espèces eucharistiques. Au côté droit de l'autel on a placé la statue de la Sainte Vierge ; à gauche, celle de saint Michel, terrassant l'ange des ténèbres. Ces statues et ces figures sont d'une très-mauvaise exécution ; elles ne remontent qu'au rétablissement du culte catholique, toute cette décoration ayant été détruite pendant la Terreur.

En 1670, on avait fait clore le chœur par de grandes claires-voies en bois tourné, dont il existe un spécimen dans la première travée, du côté de l'autel. On les fit enlever dans le siècle suivant, et l'on en vendit les débris au profit du Trésor.

C'est à cette même année 1670 que remonte l'établissement de la chaire.

Les deux autels de St.-Pierre et de St.-Roch, adossés aux deux premiers piliers du chœur, avec lesquels ils font un si grand disparate par leur style, furent construits, en 1667, par l'architecte Guillaume Le Tort, d'Argentan. Cet artiste fit, en 1680, un projet de contre-table pour le chœur de l'église St.-Germain de cette ville. Son plan, d'abord adopté, rencontra ensuite une vive opposition qui le fit rejeter, et le travail fut confié à un autre (1). A en juger d'après les contre-tables dont nous parlons, cette décision n'est pas bien regrettable. Pour la contre-table de St.-Pierre, Le Tort reçut, suivant son marché passé avec les paroissiens, la somme de 85 livres et, en outre, 50 sous de vin, et 10 livres 10 sols pour lui tenir lieu de 70 pots de poiré, à raison de 2 sous le pot, qui lui avaient été accordés. Dans ce prix, il n'est point question des matériaux et fournitures qui étaient entièrement à la charge du Trésor.

Quant à la vieille tour, devenue inutile par

---

(1) *Histoire de St.-Germain d'Argentan*, par M. l'abbé Laurent, p. 342.

suite de la construction du nouveau clocher, comme elle exigeait des réparations, on préféra la détruire. La Fabrique paya, en 1648, 36 livres pour en descendre les tuiles et la charpente dont les bois furent vendus à l'encan. Les voûtes, se trouvant ainsi sans abri, disparurent ensuite; on n'en laissa subsister que deux pans de murailles qui fermaient l'église. Comme il s'en détachait des pierres dont la chute menaçait ceux qui entraient par cette ancienne porte, on la fit murer en 1649. On fut même obligé de découronner cette ruine qui faisait courir les plus graves dangers aux personnes placées dans l'intérieur: c'était à tel' point qu'en 1651 des pierres de taille tombèrent et crevèrent les couvertures de l'église. Cependant ces murailles arrachées et à demi démolies sont encore debout et luttent de solidité avec les constructions nouvelles, protestant, après deux siècles, contre ce système barbare de destruction incomplète pour éviter une réparation insignifiante, alors qu'on n'avait rien en projet pour la remplacer. Quant à la vieille nef, on continua de l'entretenir tout juste assez pour ne pas la laisser crouler. Cependant les paroissiens, plusieurs fois mis en demeure, pendant le siècle dernier, de prendre une décision relativement à cette partie de l'édifice, même sous menace de l'interdire, ne proposèrent que des moyens dilatoires, qui attestent l'état d'indifférence dans lequel étaient tombés les esprits. Depuis que les générosités et les donations particulières avaient cessé de venir en aide à la Fabrique, les assemblées de paroisse avaient été modifiées dans leur composition. On n'y vit plus figurer que des propriétaires possédant héritage dans la bourgeoisie, à l'exclusion de l'universalité des habitants. Comme, en cas d'insuffisance de ressources, ils devaient supporter les charges en proportion de leur avoir, on rencontra chez eux une grande opposition à tout projet entraînant quelque dépense. Ainsi les notables, par délibération du 23 juin 1765, répondirent à l'évêque, qui les sommait de prendre un parti, qu'il fallait démolir la vieille nef, en vendre les matériaux, et, avec le produit, élever une grande muraille pour clore la construction nouvelle; que ce serait le moyen d'éviter une dépense considérable qui tomberait sur les habitants et *bien tenants* (propriétaires non résidants). Dans une autre circonstance, les membres de la réunion proposèrent d'abattre les bas-côtés et de boucher l'entre-deux des arcades.

Cette ancienne nef, peu décente, était fréquentée par la partie la moins édifiante de la population, et en particulier par les trafiqueurs de moutons et les bergers, qui ne se faisaient aucun scrupule d'y amener leurs chiens; elle reçut, à cause de cela, le sobriquet de *Halle-aux-Chiens*, dénomination qui est arrivée jusqu'à nous. Cet état de choses remonte bien haut ; car les comptes de la Fabrique, pour l'année 1678, contiennent l'article suivant : *Payé à Pierre Segoin La Roche 5 sous pour un fouet à chasser les chiens qui vont dans l'église.*

Les fonts baptismaux, placés dans ce lieu inconvenant, ne pouvaient y rester. Aussi, en l'année 1763, fut-il arrêté qu'on les transporterait dans la chapelle du Rosaire ; mais cette décision était inexécutable, à moins qu'on ne déplaçat les bancs, de toutes formes, qui obstruaient entièrement l'église.

Il était d'usage immémorial, pour les habitants d'une paroisse, de fieffer des emplacements dans l'église, pour y avoir le droit de sépulture. Sur cette place, ils acquéraient celui de séance aux offices, en y faisant établir des bancs à leurs frais. Ce fut une branche importante du revenu des fabriques (1). En outre de la rente de la fieffe,

---

(1) Nous allons donner copie de quelques-uns de ces contrats de fieffes: ils ne sont pas sans intérêt. — Constitution de 2 sous de rente en faveur du Trésor d'Écouché, par messire Bernard Etaust, prêtre, pour le salut de son âme, et pour être mis en sépulture en l'église Notre-Dame d'Écouché (1382). — Emplacement d'une tombe avec le droit de mettre un banc sur son emplacement, fieffé par Julien, Robert, Michel et Christophe, dits Jouvin, tous bourgeois d'Écouché, où est placée une tombe joignant le pilier qui est à droite de la porte, vers le presbytère, dont

l'ouverture de la terre, pour les inhumations dans l'église, donnait lieu à la perception d'une taxe, qui variait suivant l'emplacement et suivant l'âge

les Jouvin peuvent jouir pour faire inhumer leurs corps, ceux de leurs parents et amis, et placer un banc, s'ils le veulent, à charge de payer au Trésor une rente de 12 sous 6 deniers (1656). — Place pour se faire inhumer fieffée à damoiselle Catherine de Lonlay, veuve de feu Adam Durand, bourgeois d'Écouché, où est inhumé ledit feu son mari, de la longueur de 7 pieds, et d'autant que ladite place est dans le chemin pour aller aux fonts baptismaux, ladite demoiselle de Lonlay n'y pourra mettre de banc. On lui a baillé, pour mettre ledit banc une place qui est contre le pilier qui jouxte ladite place, à la charge par ladite demoiselle de faire mettre une tombe sur ladite place, dans un an d'aujourd'hui, pour le prix d'une rente annuelle de 8 sols (3 mai 1667). — Fieffe à Morin Letellier, marchand, bourgeois d'Écouché, d'un emplacement dans l'église, devant l'autel St.-Pierre, sur lequel il y a deux tombes, tout autant qu'en emportent les deux tombes, dont l'une placée par iceluy Letellier. Ladite fieffe consentie moyennant la somme de 10 livres une fois payée et 20 sous de rente par an (1675). — A tous ceulx, etc. Jacques Mallet et Jacques Gauthier, trésoriers de l'église d'Écouché, ont baillé en fieffe à rente à J. Segouin, bourgeois d'Écouché, deux places entre les autels St.-Jacques et St.-Pierre, avec les deux tombes qui couvrent ladite place, avec permission audit Segouin de biffer et rayer les inscriptions qui sont sur lesdites tombes et y faire imprimer son nom, s'il advise bien. Lesquelles places serviront de sépulture audit Segouin et à ses successeurs, et leur servira même pour assister au service divin, au moyen que ledit Segouin s'est obligé de payer par chacun an de rente foncière la somme de 25 sous, racquittable par celle de 25 livres, quand il plaira audit Segouin (22 juillet 1682). — Jean Leguerné, bourgeois d'Écouché, fieffe une place en l'église d'Écouché, joignant la vieille tour, dans laquelle place est inhumé le corps de feue Louise Lurpris, belle-mère des nommés Dubois et Debière, à charge par Leguerné, de payer 20 sous de rente, à la décharge des susdits qui avaient fieffé icelle place et, en outre, de leur payer le banc à dire d'experts (16 mai 1684) (Archives de la Fabrique).

de la personne décédée. Ainsi, dans le courant du XVIIe. siècle, l'ouverture de la terre, dans l'église neuve, coûtait 30 sous pour un adulte, et pour un enfant, de 10 à 15 sous. Dans la vieille nef, à la même époque, le prix en était fixé à 20 sous pour une grande personne et à 7 sous pour un enfant. En 1728, dans le haut de l'église, il en coûtait 3 livres; 2 livres dans le bas.

Depuis des siècles, le menu peuple se tenait debout aux offices. C'est probablement par commisération pour cette obligation pénible, que l'Église introduisit l'usage, emprunté à la vie domestique, même dans les classes les plus élevées (1), de joncher de paille le sol des temples, les jours de grandes fêtes. Ainsi, les administrateurs de l'église d'Écouché prélevaient, sur la grange des décimateurs, un cent et demi de grosse paille pour cet usage (2). Dans certaines localités, pendant les fêtes d'été, on remplaçait la paille par des jonchées de roseaux ou de branchages. Quand des motifs de propreté et la crainte des incendies firent

---

(1) Consulter les curieux registres des comptes de Marguerite de Flandre, duchesse de Bourgogne, publiés par M. Marcel Canat. Paris, 1860. Cette princesse ne dédaignait pas le confortable d'une litière de paille fraiche sur le sol des appartements de ses palais, p. 83.

(2) Le procès-verbal de visite de l'église d'Écouché, par l'archidiacre du Houlme, pour l'année 1470, contient la mention suivante : *Porochiani percipiunt super grangiam decimalem unum centum et dimidium straminis ad reponendum in ecclesiam* (Archives de Maine-et-Loire).

abandonner cet usage, les gros décimateurs continuèrent à livrer la redevance de paille, que le Trésor faisait vendre à son profit.

Le projet de déplacement des fonts baptismaux, dont nous avons parlé précédemment, donna l'occasion d'attaquer l'abus des bancs de toutes formes et de toutes grandeurs qui obstruaient l'église. Dans une assemblée de paroisse, on délibéra sur la proposition de faire faire des bancs uniformes, ou de placer des chaises volantes : ce qui était motivé par la défense d'inhumer dans l'intérieur des églises. La majorité de l'assemblée se prononça pour des chaises. Cette résolution laisse pressentir les idées d'égalité qui germaient dans les esprits. On revint, cependant, sur cette décision, et la Fabrique fit exécuter, comme modèles, deux bancs de 6 pieds de long sur 2 1/2 de large, et on loua aux enchères des emplacements, avec obligation de les couvrir de bancs pareils aux modèles. Les adjudications ne concédèrent les places qu'à vie, sur la tête du mari et de la femme. Après leur décès, les bancs faisaient retour à la Fabrique. On fit en outre placer, en cette année 1763, les 150 premières chaises qui eussent paru dans l'église d'Écouché ; elles furent affermées pour 83 livres.

Nous ne pouvons passer sous silence les pieuses confréries qui se fondèrent à Écouché, pendant les siècles écoulés, d'autant plus que ces associations concoururent, avec beaucoup de zèle, à la construction de l'église.

La plus ancienne qui nous soit connue est celle des frères de S^{te}.-Croix. Nous trouvons dans un procès-verbal de visite de l'église d'Écouché, par l'archidiacre du Houlme, pour l'année 1427, la mention suivante: *Fratres Crucis percipiunt omnes oblationes candelarum que pendent ante crucifixum.* Il s'agit probablement du crucifix placé, selon l'usage, sous l'arc triomphal, marquant la séparation du chœur et de la nef. Il paraît qu'outre les cierges qui brûlaient devant ce crucifix, on y entretenait des lampes, dans le plateau desquelles les fidèles déposaient leurs offrandes en argent; mais alors cet argent appartenait au Trésor et non à la Confrérie; c'est ce que constate le procès-verbal de visite de l'année 1470, par ce passage : *In festum omnium Sanctorum, et Nativitatis Domini, parochiani consueverunt facere questam per ecclesiam, dictis diebus et festis, et percipiunt oblationes que feruntur in lampades ante imaginem crucifixi.* Nous ne savons absolument rien sur l'organisation et les statuts de cette Confrérie.

La plus importante qui se soit fondée dans l'église d'Écouché fut celle qu'on nomma *Charité Notre-Dame*. Nous n'en connaissons pas l'origine. Les registres de visite des archidiacres n'en font pas mention avant l'année 1450. Elle prit beaucoup d'extension, parce qu'elle répondait aux tendances des peuples, qui aimaient à s'associer de prières et de bonnes œuvres. Ces charités, qu'on retrouve dans presque toutes les paroisses un peu importantes et qui sont arrivées jusqu'à nous, établissaient des liens de solidarité entre les associés, qu'il serait à désirer de voir renaître. Nous n'avons pas retrouvé les statuts de celle d'Écouché ; mais ces pièces étaient calquées les unes sur les autres, et nous renvoyons aux réglements d'une institution pareille, fondée au bourg de Damville (Eure), le 12 octobre 1498 (1). Ils donnent une idée de ce que devaient être ceux de la Charité d'Écouché.

Pour apprécier l'importance de notre Confrérie, il faut savoir que ses revenus, consistant en cotisations et en loyers de terres situées non-seulement dans la paroisse d'Écouché, mais dans les paroisses voisines, furent frappés, en l'année 1554, par la taxation des francs-fiefs et nouveaux acquêts, d'une imposition de 63 livres. En l'année 1604, les revenus de la Confrérie se montaient à la somme de 407 livres (2). Cette association se maintint jusqu'au XVIIe. siècle sans modifications. A cette époque, les confrères, mus par un sentiment

---

(1) *Notices historiques sur l'origine etc. de Damville (Eure)*, par M. Ange Petit (Évreux, A. Hérissey, 1859).

(2) Archives de la Fabrique de l'église d'Écouché.

de dévotion plus particulier au culte de la Sainte-Vierge, fondèrent l'œuvre du Rosaire. Ce fut pour eux un moyen de retremper leur institution et de la rajeunir. Ils prirent depuis lors le nom de Confrérie du Rosaire. Les adhésions ne manquèrent pas, et tous les rangs de la société fournirent aux enrôlements (1). A la tête des fondateurs et des membres de cette pieuse association, nous voyons figurer la veuve du comte de Montgommery, Mme. de Chastenay. Elle résidait à Écouché, dans le manoir seigneurial construit par son beau-père ; elle y tomba malade, et sentant les atteintes de la mort, en l'année 1650, elle fit son testament par-devant les tabellions du lieu. Par un article de son codicille, elle légua à la Confrérie projetée, pour aider à son établissement, une somme de 600 livres à prendre sur ses biens après sa mort (2).

Ce nom de Rosaire, donné à cette pratique de dévotion par saint Dominique, est un pieux et gracieux souvenir de ce qui se pratiquait envers les puissants de la terre. On se rappelle ces redevances seigneuriales de chapeaux de roses ap-

---

(1) Beaucoup de personnes marquantes s'associèrent à cette œuvre. La cotisation annuelle était de 25 sols. Les registres de 1657 mentionnent des offices et des prières en faveur de M. de Ménilglaise, décédé ; de M. de La Fontenelle, vicomte d'Argentan, vivant ; du sieur de Roufligny, vivant, etc.

(2) Voir, à l'Appendice, n°. 8, un extrait de ce testament.

portés par les vassaux à leurs seigneurs. Dans la dévotion du Rosaire, la couronne de roses vermeilles est symbolisée par la couronne composée des fleurs odoriférantes de la prière, déposée aux pieds de la suzeraine de la terre et du ciel.

Cette Confrérie, aussi bien que celle à laquelle elle succédait, avait adopté pour lieu de ses séances, dans l'église d'Écouché, le transept septentrional. Chaque associé, moyennant sa cotisation, avait droit aux messes et prières qui se célébraient pour la communauté, ainsi qu'à sa place dans les bancs de la chapelle.

Les enrôlements se multiplièrent, et, dès l'année 1665, la pieuse association manifestait son zèle pour le lieu saint, en faisant construire à ses frais le grand-autel qui décore présentement la chapelle de la Vierge.

Ce travail fut confié à un architecte qui nous est connu, à Guillaume Le Tort, aussi qualifié de maître maçon. Cet autel est dans le goût de l'époque : il représente un portique soutenu par des colonnes corinthiennes. Au-dessus de l'architrave, dans un attique encadré d'ornements gracieux, l'artiste a sculpté, en ronde-bosse, une Assomption de la Vierge soutenue par des anges. Les honoraires du maître maçon, pour la main d'œuvre seulement, se montèrent à la somme de IX^{xx}VIII livres.

Il avait encore existé d'autres confréries dans l'église d'Écouché : l'une, sous le patronage de saint Jacques, était composée de pélerins ayant accompli le voyage de St.-Jacques-de-Compostelle ; on nommait ses membres *chevaliers* (1). Ils siégeaient à l'église dans le transept méridional, ou chapelle St.-Jacques. Cette ancienne Confrérie se fondit, à la fin du XVI°. siècle, avec une autre association, connue sous le vocable de St.-Christophe.

Une autre, dite des *Trépassés,* est mentionnée dès 1550 ; ses membres accompagnaient les corps des défunts au cimetière et assistaient à l'office qui se célébrait pour les associés trépassés, dans la chapelle St.-Nicolas, érigée au milieu des sépultures ; ils allaient en procession au cimetière, une fois chaque mois, entre Pâques et la St.-Michel.

Dans le dernier siècle, l'esprit d'association et de piété s'étant refroidi, ces diverses confréries qui n'étaient plus assez suivies, virent leurs ressources disparaître, et, pour prolonger leur existence, furent obligées de se réunir toutes à la Confrérie du Rosaire. Cependant, une association de

(1) Dans un registre des comptes de la Confrérie pour l'année 1608, on lit : « Item, payé aux maistres de la Confrérie Saint-Jacques, pour « une torche que l'un des *chevaliers* de ladite confrérie avait fait faire « à la fête de saint Jacques, laquelle a servi à ladite église..... »

pélerins du Mont-St.-Michel eut des habitudes à part et se perpétua jusqu'à nos jours.

Toutes ces associations étaient présidées et administrées par des chefs électifs, qu'on nommait tantôt *maîtres*, tantôt *rois*, ainsi que cela avait lieu pour les pélerins du Mont-St.-Michel.

Sans doute le but de ces institutions était pieux ; les intentions des fondateurs étaient excellentes ; mais les meilleures institutions finissent toujours par dégénérer quand les réunions deviennent nombreuses. Les liens de confraternité se resserraient dans des festins qui, par les excès auxquels ils donnèrent lieu, firent prendre en mauvaise part le nom de ces Confréries. On les appela *flaries, frairies*. La Fontaine, dans sa fable du *Loup et de la Cigogne*, a bien saisi ce côté faible, qu'il a relevé par un trait satirique : « *Un loup donc étant de frairie, Se pressa, dit-on, tellement, Qu'il en pensa perdre la vie* (1). »

Lorsqu'un convoi de nouveaux pélerins partait pour le Mont-St.-Michel, tous les associés, dans leur plus grand costume, enrubannés et la bannière au poing, leur faisaient la conduite jusqu'à un endroit de la route de Briouze qui, de là, se nommait et se nomme encore la *Butte des Pélerins*.

(1) Livre III, fable ix.

Le jour de la fête de saint Michel (1), à l'office du soir, le roi de la Confrérie, dont les pouvoirs expiraient, occupait une place d'honneur à l'église. Au *Magnificat*, les chantres, accompagnés de son successeur, se rendaient devant lui, et, au moment où ils entonnaient le *Deposuit potentes de sede*, il quittait son siége pour le céder au nouvel élu, qui y montait au chant de : *et exaltavit humiles*. Cette royauté, fort onéreuse, se célébrait par trois jours de festins continus; il en résulta des désordres et une lourde charge pour les moins fortunés. Après la Révolution, ce qui restait d'anciens pèlerins se réunit et se reconstitua. Dans leurs réunions, ils apportèrent un peu moins de foi religieuse et un peu plus de licence qu'auparavant, de sorte que l'Association a fini par se dissoudre.

Les corps de métiers s'étaient également constitués en Confréries, dont les membres assistaient en commun aux offices, le jour de la fête du Patron. Ainsi, les cordonniers fêtaient le jour saint Crépin; jusqu'en 1733, leur office coûtait 1 livre. Les drapiers, plus riches, fêtaient le jour saint Blaise; l'office coûtait 3 livres. A la suite de tiraillements entre le curé d'Écouché,

---

(1) Acte de fondation de la messe des pèlerins de Saint-Michel (Appendice, n°. 12).

les chapelains et les paroissiens, il avait été arrêté entr'eux que les tanneurs et les drapiers feraient célébrer la messe au jour qu'il leur serait loisible de choisir, mais qu'ils ne pourraient plus changer ce jour une fois désigné, à la condition de payer la rétribution, suivant l'usage et de continuer à entretenir l'autel, de fournir le luminaire et la chasuble, ainsi que les autres ornements. Les tanneurs se soumirent aux mêmes obligations, à la réserve de l'entretien de l'autel. Comme compensation, ils devaient fournir deux gros flambeaux de cire blanche, pour accompagner le Saint-Sacrement au salut et aux processions.

Nous passerons rapidement sur les nombreuses fondations faites en l'église d'Écouché : elles furent toujours la compensation de sacrifices pécuniaires plus ou moins importants, ayant pour but l'augmentation du revenu du Trésor, ou même la construction de l'édifice.

C'est à des libéralités de cette nature qu'il faut attribuer certaines portions de l'église d'Écouché, qui se distinguent par quelques particularités. Ainsi, deux contreforts sont ornés de sujets dont nous n'avons pas la clef : on y voit plusieurs personnages, qui figurent probablement des scènes légendaires. Un autre contrefort du transept septentrional est surmonté par un ange aux ailes demi-éployées, tenant dans ses bras un écusson qu'il semble montrer aux passants qui ne s'en soucient guère. Il est d'ailleurs entièrement fruste et ne peut rien nous apprendre sur le donateur.

Du côté opposé, au midi, un autre contrefort est chargé d'une niche surmontée d'un dais richement sculpté. Cette niche abrite une statue de Notre-Dame-des-Neiges ; c'est peut-être le souvenir de dévotion d'un pélerin, qui sera allé s'agenouiller à Rome dans le sanctuaire de ce nom.

Quelques-unes des libéralités accomplies dans les derniers siècles sont arrivées jusqu'à nous ; nous n'en citerons qu'une. Par acte passé devant les notaires d'Écouché, le 25 septembre 1729, les paroissiens, réunis en assemblée de paroisse, sur la proposition que leur en fit leur curé, fieffèrent la chapelle S[te].-Marguerite, située au chevet du bas-côté septentrional, au sieur Belzais, sieur de Beauménil, conseiller du roi, et lieutenant en l'élection d'Argentan, pour y jouir des droits de sépulture et de séance à perpétuité, pour lui et ses successeurs, à la condition de fermer, à ses frais, ladite chapelle par une clôture en bois. Il devait réserver un espace convenable pour la célébration de la sainte Messe à l'autel de cette chapelle, et abandonner à perpétuité la possession d'un banc qu'il avait de l'autre côté du chœur, le long du chemin conduisant à l'hôtel de Notre-Dame-de-Pitié, pour servir aux Sœurs hospitalières de l'hospice d'Écouché, présentes et à venir. Le sieur Belzais, en reconnaissance de cette concession, faisait don à la Fabrique d'un calice inscrit de son nom, avec la patène et deux burettes, le tout d'argent ciselé ; plus, de quatre chasubles de *discrète couleur*, avec deux aubes garnies de point d'Angleterre, ainsi que les étoles, manipules, voiles, amicts et ceintures ; toutes lesquelles choses ayant été examinées par *gens connaissant*, en présence des habitants, avaient été évaluées à la somme de 700 livres (1).

(1) Ce sieur de Beauménil était le frère de Me. Nicolas Belzais, alors décédé curé d'Écouché, lequel, par son testament du 22 avril 1709, avait fait don d'un capital de 1,800 livres qui devait être constitué en 100 livres de rente destinées à fonder un lit pour un malade ou un vieillard, homme ou femme, en l'hospice du lieu. Le sieur de Beauménil, en reconnaissance de la concession qui lui était faite, proposa encore de donner audit hôpital, en déférant aux dernières volontés exprimées verbalement par un autre frère, feu Me. Jacques Belzais, aussi curé d'Écouché : 1°. un pré contenant 6 vergées, situé en la paroisse de Sevray au réage de Joncherelles ; 2°. une autre pièce de terre labourable, de la contenance de 6 vergées, lesdites pièces de terre relevant de la sieurie de Sevray, qui appartenait à M. de Vigneral, conseiller au Parlement de Rouen ; ces pièces exemptes de toutes rentes, excepté de la contribution d'un *chapeau de roses*, le dimanche de la Trinité, laquelle redevance demeurerait à l'avenir à la charge de l'hôpital. Le sieur de Beauménil imposait la réserve, pour lui et ses descendants en ligne directe (la préférence toujours accordée à l'aîné), de nommer telles personnes qu'ils jugeraient à propos pour occuper deux lits à l'hospice. Cependant, si le sieur de Beauménil venait à décéder sans enfants, la nomination appartenait aux administrateurs de la maison.

On ne retrouve plus maintenant que les débris des anciennes inscriptions dont étaient couvertes les nombreuses pierres tombales qui garnissaient le sol de l'église, sorte de palimpsestes ayant recouvert successivement plusieurs générations de morts. Nous n'en avons pu remarquer qu'une seule très-intacte : elle abrite la dépouille mortelle de Marie Le Tourneur, veuve de messire Jean de Vigneral, décédée le 13 mars 1613. Elle est décorée de la représentation d'un portique, ou arcade, dans la façon des rétables d'autels. Les deux côtés du fronton étaient flanqués des écussons des deux époux, qui sont très-effacés. Cette tombe est placée dans le transept méridional ou chapelle St.-Jacques.

Guillaume de Vigneral, fils de Jean de Vigneral, fit don d'une acre et demie de terre à la Confrérie Notre-Dame, pour une fondation de messes et obits, qui devaient être célébrés dans la chapelle St.-Jacques, où, est-il dit dans l'acte, reposaient les défunts sieur de Vigneral, son père, et avec lui ses parents et amis.

La pierre tombale qui recouvre la sépulture de la comtesse de Montgommery, fondatrice du Rosaire, ne porte aucune marque ni inscription. La tradition assure qu'elle est dans le chœur, du côté de l'évangile. Comme cette dame emporta en mourant les regrets et la vénération des habitants, on entoura son souvenir d'une auréole de sainteté qui dut se manifester par des signes sensibles : aussi raconte-t-on qu'autrefois la partie de la pierre sépulcrale qui correspondait à sa tête conservait sa blancheur et sa pureté primitives. On retrouve, dans cette tradition, le souvenir de celle que nous avons signalée relativement au visage de la statue de sainte Marthe de Goulet, toujours préservée de la poussière qui couvre et souille tout ce qui l'environne (1).

Les autels de l'église d'Écouché étaient au nombre de dix ; parmi les saints patrons auxquels ils étaient dédiés, saint Roch a joui de tout temps d'une vénération, qui s'accrut encore dans les derniers siècles, en raison des faveurs que les habitants devaient à l'intercession de ce puissant médiateur. En l'année 1739, une cruelle dyssenterie sévissait sur les habitants du bourg qu'elle décimait. Les malheureuses victimes du fléau eurent l'idée de s'adresser au saint protecteur des malades ; ils élevèrent leurs prières vers lui et portèrent sa statue processionnellement dans tous les lieux soumis à la maladie, le 26 mai 1639. De ce jour, l'épidémie cessa.

Quelques années plus tard, le dimanche 8 octobre 1747, les bourgeois réunis en assemblée gé-

(1) Voir notre *Notice sur la Chambrerie de l'abbaye de Troarn* (*Mémoires de la Société des Antiquaires de Normandie*, t. XXIII, p. 365).

nérale, voulant consacrer par une manifestation leur reconnaissance de la délivrance de 1739, fondèrent en l'église paroissiale une neuvaine de messes à perpétuité, au capital de quatre cent cinquante livres qui furent le produit d'une collecte. Cette fondation fut acceptée par l'administration de la Fabrique; et cette pieuse neuvaine se célèbre encore aujourd'hui; elle a toute la sympathie des habitants (1).

Les siècles avaient accumulé un nombre considérable de fondations et de services dans l'église d'Écouché. On était obligé de les réduire, de temps à autre, d'abord par l'impossibilité de les accomplir tous; puis aussi parce que les sommes léguées au Trésor, par suite de la dépréciation constante du numéraire, ne représentaient plus la compensation des dépenses qu'elles devaient solder. Néanmoins, lorsque la Révolution vint clore l'ancien ordre de choses, le Trésor avait encore de grandes charges (2).

(1) L'acte authentique de cette fondation est conservé au notariat d'Écouché.
(2) Voici le tableau arrêté par le Conseil général de la commune d'Écouché, en 1790, des services que la Fabrique était tenue de faire acquitter annuellement, ainsi que des obligations pareilles tombant à la charge de la Confrérie et de l'Hospice.—La Fabrique : 2 services canoniaux, 13 obits, 15 messes solennelles, 4 saluts, 328 messes basses. La Confrérie : 9 services canoniaux, 8 obits, 18 messes solennelles, 26 messes basses, 1 *Libera*. L'Hospice : 7 services canoniaux, 5 obits, 1 messe solennelle, 226 messes basses.

Pour faire face à ces obligations, il fallut un nombreux clergé; aussi, outre le curé et son vicaire, il y avait sept chapelains en titre dans la paroisse d'Écouché.

Les curés d'Écouché étaient nommés sur la présentation des moines de St.-Florent, représentés par le prieur de Briouze, comme patrons de l'église. Bien qu'Écouché donnât son nom au doyenné dont il faisait partie, il ne s'ensuivit pas que les curés fussent pourvus du titre de doyen; car ils auraient dû cette dignité au choix du patron, tandis qu'ils étaient à la nomination de l'évêque diocésain, qui pouvait même attribuer l'emploi au curé d'une paroisse en-dehors de la circonscription du doyenné. Ainsi, en 1602, le curé d'Écouché, M*e*. Jacques Aubert, était en même temps doyen d'Argentan.

Les doyens avaient les mêmes charges qu'aujourd'hui: entr'autres, ils étaient substitués, dans certains cas, aux archidiacres, pour la présidence des conférences ou *petites calendes,* qu'on nommait ainsi par allusion aux *calendes* que tenaient les évêques, sortes de réunions synodales dans lesquelles les prélats avisaient aux besoins du diocèse. De même, dans les *petites calendes*, l'archidiacre ou le doyen s'occupait de l'administration des églises. Mg*r*. de Forcoal, évêque de Séez, avait établi, à l'occasion de ces réunions, des conférences destinées à entretenir son clergé dans l'uniformité de doctrine, si nécessaire pour soutenir victorieusement les disputes et controverses publiques qui avaient lieu journellement entre les catholiques et les protestants (1). Lorsque la *petite calende* avait lieu à Écouché, on voyait se réchauffer le zèle pour la tenue du lieu saint. Ainsi, nous trouvons dans les registres de la Fabrique, pour l'exercice 1677-78, la mention suivante : « Avoir fait récurer les chandeliers et les burettes, pour le jour de la *calende*. »

Bien que les curés d'Écouché fussent nommés sur la présentation des prieurs de Briouze, cela ne contribua en rien à faire régner entr'eux la bonne harmonie. Les questions d'intérêt étaient toujours vives et irritantes entre les membres du clergé régulier et ceux du clergé séculier.

La part des curés d'Écouché, dans la dîme de la paroisse, était fixée au tiers du revenu des grosses dîmes et aux menues dîmes.

De nombreuses plaintes sur la position des curés, par rapport aux gros décimateurs, déterminèrent la déclaration du roi, du 29 janvier 1686, qui régla la pension que les gros décimateurs

---

(1) Par arrêt du Parlement, portant homologation d'un réglement de Mgr. l'Archevêque de Rouen 1er. août 1729). la présence des curés aux *calendes* ou conférences fut obligatoire, sous peine de trois livres d'amende (Roulier, *Pratiques bénéficiales*, p. 418).

devraient faire aux vicaires perpétuels, lorsque ceux-ci, ne se trouvant pas satisfaits de la portion de dîme qu'ils percevaient dans leur paroisse, opteraient pour cette pension, en renonçant à toute prétention sur la dîme. On nomma cette indemnité *portion congrue*. Cette pension fut alors portée à trois cents livres pour le curé, et à cent cinquante livres pour chacun de ses vicaires.

Le curé d'Écouché en titre à cette époque, M⁰. Guillaume Pillou, demanda la pension; son successeur, M⁰. Nicolas Belzais, en fit autant en l'année 1708. Celui-ci fit payer sa pension et celle de son vicaire par les fermiers du prieuré de Briouze : ce que le titulaire, absent du pays, supporta pendant un certain temps. Jacques Belzais, son successeur, alla plus loin : il fit des instances auprès de l'évêque de Séez, pour obtenir la nomination d'un second vicaire; ce à quoi le prélat accéda, en rendant une ordonnance à cet effet, en l'année 1715, à la date du 20 août. Cette nomination mettait à la charge des décimateurs une nouvelle rente de cent cinquante livres. Averti de ces faits, le prieur protesta, disant qu'il ne devait pas supporter à lui seul cette charge, parce qu'il n'était pas seul décimateur. En effet, la grosse dîme de la paroisse d'Écouché était perçue sur trois cents acres qui composaient son territoire; mais le prieur n'exerçait ce droit que sur deux cent soixante-dix acres ; le Trésor dîmait sur vingt-un et la Confrérie sur neuf. Les moines de St.-Florent avaient anciennement aumôné ce trait de dîme qui leur appartenait en faveur du Trésor d'Écouché, à la charge, par les paroissiens, d'entretenir à perpétuité une lampe allumée devant le Saint-Sacrement, et de faire célébrer, pour les donateurs, une messe solennelle chantée, chaque jour, alternativement par le sieur curé et les chapelains.

Le prieur de Briouze et les habitants d'Écouché commencèrent, à cette occasion, une série interminable de procès qui épuisèrent toutes les juridictions. Les paroissiens furent bien obligés de contribuer aux portions congrues ; mais ce fut la part à attribuer à chacun qu'il fut difficile de fixer. Les bourgeois auraient voulu qu'on réglât la portion contributive d'après le nombre d'acres sur lesquelles chacune des parties levait la dîme. Ainsi, en comparant les deux cent soixante-dix acres du prieur aux trente acres qui leur étaient attribuées, et en tenant compte, en outre, de ce que sur ces trente acres neuf étaient de terres légères et improductives, situées au réage de la Croisée des chemins, proche le cimetière, tandis que le prieur n'avait qu'une acre au même réage, ils concluaient par l'offre de contribuer pour un treizième.

Le prieur s'en référait au jugement de 1632, relatif à la construction des voûtes du chœur, lequel avait fixé à quatre cinquièmes la part qui revenait à son prédécesseur.

Le bailli d'Argentan, voulant établir le contingent des parties sur une base équitable et d'après le revenu réel qu'elles retiraient de la dîme, demanda la production des baux, en remontant à plusieurs années. Lorsque le prieur présenta les siens, les bourgeois les récusèrent, déclarant qu'ils manquaient de sincérité; ils ajoutaient que les prieurs faisaient à leurs fermiers des contre-lettres où les conditions de fermage étaient tout autres, tandis que leurs baux à eux étaient renouvelés tous les ans par voie d'enchères publiques; qu'en outre, le zèle des habitants les portait à faire décharger les adjudicataires, de la taille dont ils répartissaient le montant entr'eux, tandis que les fermiers de la dîme du prieur étaient assujettis à cet impôt : ce qui dépréciait d'autant le prix de la location. Ils faisaient encore observer que les drapiers et les fabricants d'Écouché, ayant peu d'occupation pendant la récolte, faisaient eux-mêmes le travail nécessaire pour engranger les produits de la dîme du Trésor, ce dont l'adjudicataire bénéficiait; aussi, dans cette prévision, louait-il plus cher (1). Par ces

(1) En 1725, le trait de dîme du prieur, s'exerçant sur deux cent soixante-dix acres, ne rapportait d'après les baux que cinq cent cinquante livres; et celui du Trésor, qui ne s'exerçait que sur vingt et une acres, était loué, en 1729, cent cinquante livres : ce qui prouve que les gros

motifs, ils se refusèrent à la production de leurs baux.

Après des années de procédures, le lieutenant au bailliage rendit, à la date du 14 février 1729, un dernier jugement qui condamna les trésoriers et le prieur à payer les portions congrues du curé et des vicaires dans la même proportion qu'avaient été anciennement soldés les travaux, c'est-à-dire les quatre cinquièmes pour le prieur et un cinquième pour le Trésor. Cette querelle ne fut qu'assoupie ; elle se ranima maintes fois, et la Révolution seule y mit fin.

L'institution du deuxième vicaire ne put se maintenir : les bourgeois qui avaient approuvé la mesure quand ils pensaient que leur Fabrique n'aurait rien à débourser, firent une violente opposition quand il fallut payer leur part ; aussi l'installation n'eut-elle pas lieu.

En l'année 1750, le sieur Thomas Caiget, curé d'Écouché, s'appuyant sur ce précédent, renouvela auprès de l'évêque les démarches nécessaires pour obtenir un deuxième vicaire. Le prélat soumit sa pétition aux gros décimateurs, pour avoir leur avis ; on doit bien penser qu'il ne fut pas favorable. Le curé finit néanmoins par obtenir son second vicaire, mais non sans conteste.

---

décimateurs ne se faisaient pas scrupule de dissimuler une partie de leurs revenus, pour échapper à l'impôt des décimes.

Nous avons hâte d'en finir avec ces conflits interminables que la justice du temps ne tranchait jamais, parce qu'elle laissait un moyen de revenir sur ses arrêts, en ce qu'elle les rendait toujours *par provision.*

Les sept chapelains qui complétaient le clergé d'Écouché étaient tous des enfants du bourg auxquels ces places appartenaient de droit, non au choix, mais d'après l'ancienneté d'admission dans les ordres, même mineurs. Lorsque les jeunes postulants n'étaient pas encore prêtres, ils prenaient de même, à leur rang d'ancienneté d'inscription, leur titre de chapelain; mais, dans ce cas, ils faisaient remplir leurs fonctions par un prêtre, fondé de pouvoirs.

Le vicaire, choisi par l'évêque dans une autre catégorie, devenait chapelain, mais seulement lorsqu'il se présentait une vacance. En attendant son admission, on lui accordait, pour aider à sa subsistance, deux ordinaires de messe par semaine, sur les fondations du Trésor.

Ces chapelains se faisaient, de leur place, un moyen d'existence : aussi se montrèrent-ils souvent très-peu zélés dans l'accomplissement de leurs devoirs et dans leur participation aux services de fondation; ce qui devint si marqué au dernier siècle, que les paroissiens se plaignirent de ces fréquentes abstentions, et, en assemblée générale, enjoignirent aux trésoriers de tenir note de ces manquements, pour faire des retenues dans les honoraires des absents aux offices.

Il fut fait droit à ces plaintes par un réglement que donna, à ce sujet, Mgr. Lallemant, évêque de Séez, le 29 octobre 1733. Cet acte, en forme de transaction, fut approuvé et signé par les parties, et affiché dans la sacristie. L'abstention non motivée des chapelains aux services devait être signalée par des points d'absence, marqués par le curé ou son vicaire. Ces points devaient servir, lors du paiement des honoraires, à régler les retenues qu'ils entraînaient pour les délinquants. Ce réglement fut homologué plus tard, en l'officialité de Séez, par sentence du 24 avril 1761, à l'occasion d'une guerre intestine qui s'éleva, dans l'église d'Écouché, entre le curé et les chapelains, lesquels refusaient de se conformer au réglement. Cette querelle était suscitée par deux brouillons, le sieur Maurice, trésorier, et Le Têtu de La Motte, receveur des Confréries, qui voulaient appliquer au curé lui-même les points d'absence, et conséquemment lui refusaient le paiement de ses honoraires, ainsi que les pensions des deux vicaires qu'il avait alors. Ces prétentions ne prévalurent point : il ne pouvait être admis que le curé de la paroisse fût pointé, pour cause d'absence, par les chapelains, ses subordonnés, qui n'auraient cherché qu'à se venger sur lui de sa rigueur à faire observer le règlement. D'ailleurs, le curé et ses vicaires avaient pour l'administration des sacrements des devoirs qui pouvaient motiver des absences, tandis que les chapelains n'en avaient d'autres que d'assister aux offices de fondation. Cette affaire tourna à la confusion de ses instigateurs.

Malgré son nombreux clergé, l'administration de l'église d'Écouché ne manquait jamais de faire venir des prêtres étrangers pour prêcher les stations de l'Avent et du Carême, sans préjudice des missions que les curés provoquaient dans le cours de l'année. Ces prédicateurs étaient généralement fournis par les monastères du voisinage; cependant, depuis l'établissement des Capucins dans la ville d'Argentan, nous voyons le plus souvent des religieux de cet ordre évangéliser la population.

De tout temps, le Trésor fit les frais du logement meublé de ces prédicateurs; cette coutume engagea un bourgeois d'Écouché, en même temps chapelain, nommé Pierre Plédet, à pourvoir à ce besoin, par la donation au Trésor de sa maison, avec cour et jardin, ainsi que d'une grange adjacente. Ce tenant, nommé le *Viel-Monde*, était situé près l'église (jouxtant d'un bout le chemin de l'église, rue de la Cour-Bailleul). Le but de la donation fut de fournir, à perpétuité, aux prédicateurs étrangers une chambre pour leur séjour. L'acte en fut passé devant les tabellions d'Écouché, le 30 juillet 1623. Le donateur se réserva la jouissance de cette maison, sa vie durant, à l'exception de la chambre qu'il céda immédiatement. Le Trésor prit l'entretien de la maison à sa charge, et accepta en outre, comme compensation de cette libéralité, l'obligation de faire célébrer plusieurs offices et obits pour le repos de l'âme du donateur, ainsi que de ses parents et amis défunts ; entr'autres services, deux messes basses devaient être, chaque année, dites par les prédicateurs de l'Avent et du Carême, l'une le lendemain de Noël, l'autre le lendemain de Pâques. Après la mort du sieur Plédet, sa maison fut destinée à servir de logement au sacristain, et la chambre fut toujours réservée pour les prédicateurs. Le Trésor entretenait le mobilier de cette chambre. Outre le logement et les honoraires, dont l'Hôpital payait un tiers, les prédicateurs étaient fournis de pain et de bois pour leur chauffage. De plus, ils avaient droit à une demi-bouteille de vin par chaque sermon. Ainsi, nous lisons dans le registre de 1774 : « Avoir fourni 1/2 bouteille de vin au « prédicateur, chaque sermon, à 8 sous la pièce, « en tout 18 bouteilles. »

Nous n'avons pu réunir de données bien certaines sur la valeur des revenus de l'église d'Écouché, qui puissent nous mettre à même de les comparer à diverses époques. On sait que ces revenus avaient leur source dans plusieurs branches de recettes, au nombre desquelles il faut mentionner, en première ligne, le produit des terres et des rentes aumônées par les paroissiens.

Au moment où la Révolution allait faire disparaître la majeure partie de ces ressources, le revenu de la Fabrique d'Écouché se montait à 2,175 livres. Dans cette somme, la location des terres entrait pour 829 livres, et les rentes constituées pour 375 livres ; le surplus était dû au produit des inhumations, des locations de bancs et de chapelles, des quêtes, etc.

Ces quêtes se faisaient dans certaines circonstances particulières. Lorsqu'une famille rendait le pain bénit, un membre de cette famille quêtait à l'office du jour. Nous rencontrons constamment, dans les anciens registres, la mention de ce fait. C'est ainsi qu'en l'année 1649, Mlle. de Montgommery accomplissait ce devoir, et le registre constate qu'elle a baillé, comme produit de la quête, 7 livres 16 sous 8 deniers.

Une autre collecte se nommait les *pardons*. Elle avait lieu, non-seulement à Pâques, mais encore aux fêtes solennelles. Ceux qui approchaient des sacrements, en ces circonstances, versaient, en faveur du Trésor, une aumône, appelée *pardon*.

Nous pensons qu'il faut voir dans cet usage un souvenir des pénitences publiques, dont l'origine remonte aux premiers âges du christianisme. Les diverses phases de ces pénitences se terminaient par l'absolution, qui réintégrait le coupable dans tous ses droits à l'assistance aux offices. Cette réconciliation avait particulièrement lieu le Jeudi-Saint. L'absoute qui se récite ce jour-là en conserve le souvenir. Il s'en faisait encore une autre au prône de la messe solennelle du jour de Pâques (1). L'aumône des *pardons* dut remplacer les autres obligations de pénitence. Nous reviendrons plus loin sur ce sujet.

Enfin, on quêtait pour l'entretien d'un cierge bénit qui brûlait devant l'autel principal de l'église, les dimanches et jours de fêtes.

Nous ne pouvons omettre un usage ainsi formulé dans les registres de la Fabrique : *Le pain donné aux fours et vendu, issue de la messe, a valu....* (en 1644, 60 sous 7 deniers). Cette recette, également perçue dans les églises d'Argentan (2), consistait en un prélèvement que les boulangers exerçaient sur la pâte destinée à leurs pratiques, dont ils fabriquaient des pains recueillis chaque di-

---

(1) Voir *Origines de la liturgie catholique*, par M. l'abbé Pascal, art. ABSOLUTION et PÉNITENCE, édition de l'abbé Migne, 1844.

(2) Voir *Histoire de la paroisse de St.-Germain d'Argentan*, par M. l'abbé Laurent, p. 64.

manche par le sacristain et destinés à être vendus aux enchères par les trésoriers, à l'issue de la grand'messe paroissiale, au profit de l'église. Nous ne pouvons assigner de cause à cette charité indirecte qui ressemble à une sorte de dîme.

Nous avons déjà parlé, dans notre *Notice sur le prieuré de Briouze* (1), des eulogies ou distributions de pain et de vin aux communiants du jour de Pâques. Le pain se donnait au moyen d'un boisseau comble de froment prélevé par la Fabrique sur la dîme du prieur.

Quant au vin, la piété d'un donateur y avait anciennement pourvu. Pendant les époques de foi, il se trouva toujours des gens *mus en dévotion* pour venir en aide à toutes les nécessités de leur église. C'est ainsi qu'un Jehan de La Rue, bourgeois d'Écouché, donna, par acte du 7 juillet 1436, 4 sous tournois de rente pour être employés en *l'augmentation* de l'église du lieu, assis sur un héritage situé en la paroisse de Treize-Saints (2), afin d'être enseveli, ainsi que Colette, sa femme, en l'église d'Écouché, à côté de son père. Il donna,

---

(1) Voyez *Mémoires de la Société des Antiquaires de Normandie*, t. XXII, p. 113.

(2) L'ancienne paroisse de ce nom est réunie à celle de Batilly (canton d'Écouché). Nous avons souvent entendu les étymologistes s'escrimer, pour donner une signification à ce nom bizarre de Treize-Saints. Nous croyons que ce nom est altéré ; une charte de 1265 désigne cette paroisse sous celui de Tieresains.

en outre, 6 sous tournois de rente perpétuelle, à prendre sur ses héritages, afin d'acquérir et de payer *le vin de Pâques à ceux qui pour le temps à venir seront amonestés en ladite église*. Dans la suite, le Trésor pourvut à cette dépense.

L'administration du culte était soumise à la surveillance de l'évêque ou, par délégation, à celle des archidiacres qui venaient, dans l'étendue de leur ressort une fois par an, visiter chaque église, inspecter le mobilier, les fonts baptismaux, etc., et contrôler les comptes des trésoriers. Ces visites donnaient lieu anciennement à des droits assez importants prélevés sur les paroisses. Nous avons retrouvé une série de procès-verbaux de l'inspection des archidiacres du Houlme dans l'église d'Écouché, remontant à l'année 1344 et finissant en 1488, non, toutefois sans de nombreuses lacunes (1). Quelques-uns des plus anciens mentionnent le chiffre de la taxation imposée aux paroissiens, et toujours celui de la population (*numerus parochianorum*) est mis en regard.

Si ce dernier renseignement était un dénombrement complet des habitants, il fournirait un document très-précieux. Malheureusement, si on veut l'utiliser à ce point de vue, il donne des

(1) Nous avons relevé ces procès-verbaux, aux Archives de Maine-et-Loire, fonds de St.-Florent. Ces documents particuliers ont été vérifiés par M. Célestin Port, archiviste.

résultats inadmissibles ; ce chiffre est évidemment de beaucoup inférieur à la population présumable.

M. Léopold Delisle, d'après le même ordre de renseignements puisés dans les procès-verbaux de l'archevêque de Rouen, Eudes Rigaud, propose d'accepter ces données comme représentant le nombre des feux ou des chefs de famille (1). Nous ne pouvons admettre ce système pour nos procès-verbaux ; s'il est possible d'expliquer par des guerres, des épidémies, des famines, une grande fluctuation dans le chiffre d'une population, cette mobilité n'est plus admissible au même degré, lorsqu'il est question de chefs de famille. On en va juger par les citations qui suivent. En l'année 1344, *numerus parochianorum*, III^c *et plus*. En 1366, il tombe à II^c *vel circa* ; en 1383 et 1385, à VI^{xx}. En 1389, il remonte à VII^{xx} *vel circa* ; en 1390, à VII^{xx} *et* X. En 1392 et 1394, il n'était plus qu'à *centum vel circa*. Passé cette année, nous ne trouvons plus de trace de ce recensement, non plus que du chiffre de la taxation qui, quel que soit le *numerus parochianorum*, était à peu près invariablement fixé à XXII livres.

Si l'on interroge Ducange sur la valeur du mot *parochia* et sur la signification de celui de *paro-*

---

(1) Voir les *Études sur la condition de la classe agricole et l'état de l'agriculture*, etc., *en Normandie, au moyen-age*, par M. Léopold Delisle, ch. VII, p. 172.

chianus, il cite la définition de Gilbertus Lunicensis episcopus, *De usu ecclesiastico :* « *Parochiam appello populum primitias, oblationes et decimas persolventem.* » Ce qui ne nous aide en rien à résoudre la question qui nous occupe.

Nous avons dit que les archidiacres prélevaient un certain droit sur les églises qu'ils visitaient. Ce droit se nommait *Circata, Circada.* Ducange le définit : *Census qui solvitur ab ecclesiis, episcopo, aut archidiacono, pro visitatione; ita dictus a circumeundo, quod episcopi aut archidiaconi diocæses suas circumeundo visitent; nam circuire parochias suas dicuntur episcopi.* Apud Gregorium, *Moralium* lib. III, cap. 38.

On ne voit pas quelle raison aurait déterminé l'évêque ou l'archidiacre à relever le nombre des paroissiens pour se faire payer une redevance qui était due, non par les individus, mais par le Trésor des églises : *qui solvitur ab ecclesiis.* Nous allons hasarder une explication que nous sommes prêt d'ailleurs à retirer, pour peu qu'on en présente une meilleure. N'y aurait-il point un rapport direct entre ce recensement et la collecte des *pardons* que nous avons mentionnée plus haut? A l'époque qui nous occupe, bien que les pénitences publiques fussent hors d'usage, l'Église avait conservé la coutume d'infliger l'excommunication à ceux qui avaient commis certains péchés dont on ne pouvait se relever que par une entière soumission et le paiement d'une amende fixée suivant la gravité de la faute. Nous avons sous les yeux une pièce originale très-curieuse: c'est un état des recettes de la juridiction spirituelle du Chapitre de la cathédrale de Meaux pour l'année 1388. Il contient un article intitulé: *Recepta de emendis excommunicatorum hujus anni*, M°. CCC° IIII^{xx}° VIII°. Chaque excommunié est désigné par son nom et sa demeure. La formule constante de l'absolution est celle-ci : *Solutus pro emenda et absolutus*. Cette amende varie, dans notre registre, entre les chiffres extrêmes de xx deniers et de ix sous iv deniers.

Ne pourrait-on point voir, dans ce recensement des paroissiens que nous ont laissé les archidiacres, le nombre de ceux qui auraient été déliés de l'excommunication? Les amendes devaient tourner tant au profit de l'évêché qu'à celui de l'église. Nous croyons trouver une trace de ces usages dans ce que l'abbé Laurent dit (1) relativement à une offrande faite, en cette église, par les fidèles accomplissant leur devoir pascal et qui semble avoir la même signification que celle des *pardons*. Cette offrande, connue sous le nom de *cueillette des devoirs*, ne restait pas au trésor de l'église intégra-

---

(1) *Histoire de la paroisse St.-Germain d'Argentan*, p. 172.

lement : il était anciennement prélevé une somme de 100 sous que l'on envoyait à l'évêque, le jour de *Quasimodo*, comme contribution pour les dépenses diocésaines. Si on nous objecte le chiffre élevé de ce nombre de paroissiens dont nous cherchons la signification, nous rappellerons que la foi était très-vive au moyen-âge et que les fidèles n'avaient aucunement l'idée de protester contre ces rigueurs. Lorsqu'ensuite nous voyons ce nombre diminuer rapidement, nous ne l'attribuons pas à une amélioration parallèle dans les mœurs, mais à la réserve que l'Église fut obligée d'apporter dans ce moyen de correction. Alors l'amende devint facultative et constitua la quête des *pardons*. Jusque-là, l'action de la société civile avait été nulle sur les mœurs ; c'était à l'Église qu'il appartenait de les maintenir.

Dans les deux derniers siècles, les archidiacres continuèrent leurs visites ; mais l'indemnité à laquelle ils avaient droit était insignifiante. Pendant le XVIIe. siècle, l'archidiacre recevait du Trésor, pour les honoraires de sa visite dans l'église d'Écouché, 2 livres, et son clerc 10 sous. Il avait, en outre, droit à un dîner qu'il prenait chez M. le curé, auquel les paroissiens donnaient 60 sous comme indemnité. Dans le cours du XVIIIe. siècle, les archidiacres cessèrent d'accomplir leurs tournées avec régularité : aussi la comptabilité fut-elle très-négligée.

Si nous avons épuisé la matière pour ce qui concerne l'église d'Écouché, nous craignons fort de n'avoir pas moins épuisé la patience du lecteur; cependant, avant de passer aux autres établissements religieux, nous donnerons encore la liste bien incomplète du petit nombre de curés de la paroisse dont nous avons retrouvé les noms (1).

(1) 1190 à 1202. Une charte de l'évêque de Séez, Liziard, sur la présentation de l'abbé de St.-Florent, confère la cure d'Écouché à Pierre, son sénéchal *Dilecto et fideli senescallo nostro Petro*, sans date, originale (Archives de Maine-et-Loire, fonds de St.-Florent). — 1237. *Nicholaus de St°. Lothario est persona*. Ce Nicolas de Saint-Loyer consent à résigner son office de curé d'Écouché en faveur de G. dit Rey, moyennant une rente annuelle de huit livres tournois, qui devait être consignée entre les mains de l'archidiacre du Houlme (Charte originale, Ibid.). — 1237. G. dit Rey, curé d'Écouché. — 1416, 23 avril. Vénérable homme et discret M°. Jacques Duchemin, curé d'Écouché, est représenté au marché de construction de la charpente de la chapelle St.-Denis, par M°. Paul Duchemin, son procureur. — 1442. M°. Jehan Fauvel est désigné comme curé d'Écouché dans un acte de cette époque. — 1479. M°. Gervais Le Mouz, curé d'Écouché, mourut en cette année. — 1490. Louis Pillet, procureur de messire François d'Harcourt, baron d'Écouché, poursuivit un procès contre l'abbé de St.-Florent, qui avait pourvu de la cure d'Écouché noble homme, M°. Martin Du Bellay, licencié en Droit, chantre et chanoine de l'église cathédrale de Poitiers. En revendication du droit de patronage de l'église d'Écouché, les moines furent maintenus (Archives de Maine-et-Loire). En 1502, M°. Martin Du Bellay résigna sa cure entre les mains de l'évêque de Séez (Ibid.). — 1602. M°. Jean Aubert, doyen d'Argentan, était pourvu de la cure d'Écouché. — 1635. M°. Philippe Chéradame, curé d'Écouché. Il meurt en 1645. — 1645, 14 mai. Pétition d'un grand nombre d'habitants d'Écouché à l'abbé de St.-Florent, pour obtenir la nomination de Jean Segouin, prêtre, à la cure d'Écouché, vacante par la mort de Philippe Chéradame (Archives de Maine-et-Loire). — 1646. M°. Jean Segouin, nommé curé d'Écouché. En 1655, il est créé doyen d'Écouché. En 1659,

XI. — CHAPELLE SAINT-DENIS.

La chapelle St.-Denis était située derrière les halles. Elle est encore debout, et n'offre aucun

il résigne la cure d'Écouché et passe à celle de St.-Christophe. — 1660. M⁰. Guillaume Pillou succède à Jean Segouin. Ce titulaire mourut au mois d'avril 1692. — 1692. M⁰. Nicolas Belzais, prêtre gradué en théologie, est nommé curé d'Écouché. Il était chapelain de l'église et trésorier. Le 15 juillet 1710, Nicolas Belzais tomba malade de la maladie dont il mourut. Il traîna jusqu'en 1711. Le sieur Jacques Dreux desservit l'église à sa place, jusqu'en 1712, pendant l'année de déport. —1712. M⁰. Jacques Dreux fut pourvu de la cure d'Écouché. Il permuta probablement. —1713, 23 avril. M⁰. Jacques de Vauquelin, écuyer, présidait une assemblée de paroisse, en qualité de curé d'Écouché. — 1715. Le 28 de mai, M⁰. Jacques Belzais, frère de feu Nicolas, était curé d'Écouché. Il mourut en 1721. — 1722. Le 18 d'octobre, M⁰. Jacques Dreux était titulaire en exercice. Il mourut en 1739, vénéré comme un saint. Sa mémoire est encore vivante dans le bourg. Des habitants, bien que sa béatification ne soit point établie canoniquement, vont assez fréquemment dans le chœur de l'église où il est enterré, l'implorer dans leurs besoins.—1740. M⁰. Thomas Caiget ou Caget, curé d'Écouché, conserva ses fonctions jusqu'à sa mort, arrivée vers l'année 1768. Nous le trouvons présidant une assemblée de paroisse, le dimanche 22 novembre 1767.—1768. M⁰. Joachim Dubois est nommé à la cure d'Écouché. Il était vicaire de la paroisse. Le sieur Dubois ne sut pas résister à la séduction des doctrines qui entraînèrent un certain nombre de membres du clergé dans le schisme. Ce prêtre n'eut pas la consolation de reconnaître son erreur. A l'époque du Concordat, il se produisit comme un brandon de discordes, et suscita les plus graves embarras à l'ecclésiastique pourvu de la cure, en ameutant contre lui un vieux parti, qui, voyant le rétablissement du culte catholique en France, feignait de croire à un retour vers des traditions hostiles au mouvement de 1789. Ces difficultés et ces tiraillements ne cessèrent qu'à la mort du sieur Dubois. — 1802. M. Augustin Brosset, nommé curé d'Écouché, mort en 1828.—1828. M. Jean Pierre Brosset, mort le 7 novembre 1855.—1855. M. Modeste-Alexandre Loiseau, curé actuel.

intérêt architectural. Cette construction, qui ne doit pas être ancienne, est maintenant appropriée à des usages domestiques.

L'érection de cette chapelle se perd dans la nuit des temps. Il faut, sans nul doute, l'attribuer à la piété des habitants du bourg. Elle se trouvait en ruine en l'année 1416 : les trésoriers de l'église paroissiale, dont elle dépendait, en firent reconstruire la charpente à cette époque; le curé d'Écouché, qui, sans doute, prélevait à son profit une portion de ses revenus, était obligé de faire les deux tiers de la dépense; la Fabrique ne payait qu'un tiers.

En l'année 1492, les vitres de l'édifice étant en mauvais état, un accord fut passé entre M°. Martin Du Bellay, *chantre et chanoigne de Poictiers* et curé d'Écouché, représenté par son procureur, M°. Jacques de Maugin, et les trésoriers de l'église, afin de faire replacer ces vitres *dans l'état qu'elles étoient au temps passé, et myeux, s'il se peut faire, tant de plombs, de vistres, que de ymaiges, si moyen est.* Le curé s'obligea à payer les deux tiers de la dépense, qui s'éleva à la somme de dix livres tournois.

Dans le cours du dernier siècle, les paroissiens, n'ayant plus aucun zèle pour l'entretien de leur édifice, avaient laissé la chapelle de St.-Denis dans un tel état de dégradation que l'archidiacre, lors de sa visite de 1762, l'interdit. Les habitants, qui ne voulaient pas la voir disparaître, se décidèrent à y dépenser une somme de cent cinquante livres pour la restauration de la couverture. A cette époque, nous ne voyons plus les curés concourir à la dépense.

La tradition rapporte que, lorsque l'usage existait d'enterrer dans les églises, la chapelle St.-Denis était particulièrement choisie pour la sépulture des petits enfants. Nous n'avons trouvé aucun indice de cette coutume dans les registres de la Fabrique.

Avant la Révolution, une croix de pierre s'élevait sur le parvis de la chapelle ; on la nommait la croix de saint Denis.

XII. — CHAPELLE SAINT-NICOLAS ET CIMETIÈRE.

La chapelle St.-Nicolas est située dans le cimetière communal d'Écouché. Cet édifice est dans un grand état d'abandon, qui fait présager sa ruine prochaine. A quelle époque faire remonter l'érection de ce sanctuaire ? Nous l'ignorons. Nous en avons trouvé la plus ancienne mention dans un procès-verbal de visite de l'église d'Écouché par l'archidiacre du Houlme, à la date de 1440 : « Item. Parochiani reparant capellas S. Dionysii et S. Nicholai. » Nous pensons que cette chapelle est plus ancienne que le cimetière au milieu duquel elle est érigée; car ce champ de sépulture doit avoir été destiné à cet usage, à l'époque de la reconstruction de l'église paroissiale; à moins que cette œuvre ne soit plus ancienne d'un quart de siècle que nous ne l'avons supposé, et que la chapelle et la translation du cimetière ne datent de la même époque.

Avant la démolition de l'ancien chœur de l'église d'Écouché, le cimetière entourait certainement cet édifice; les pieuses générations du moyen-âge ne manquaient jamais d'abriter leurs morts sous la protection de la prière; mais, lorsqu'on commença les travaux, il fallut ouvrir les clôtures de la terre bénite pour faciliter l'approche des matériaux, et par conséquent profaner les sépultures. L'emplacement de ce cimetière, situé au nord de l'église, était désigné, long-temps après sa translation, comme appartenant au Trésor (1), et il avait reçu le nom caractéristique de *Viel-Monde*, qui atteste son ancienne destination. Nous avons vu que c'est en ce lieu que s'élevait la maison aumônée par Pierre Plédet pour héberger les prédicateurs.

Les morts furent donc transportés en-dehors

---

(1) Dans un abornement d'héritage, à la date de 1496, nous trouvons ces désignations : « Jouxte d'un côté la tour (ancien clocher) et terre appartenant au Trésor, et d'autre bout à la voie de devant l'église (actuellement, rue de la Cour-Bailleul) » (Archives de la Fabrique).

de l'enceinte du bourg, et mis en sépulture sous la protection du sanctuaire de St.-Nicolas. Cette chapelle était anciennement beaucoup plus grande qu'elle ne l'est aujourd'hui. En l'année 1684, elle menaçait ruine; mais, comme les ressources faisaient défaut, on résolut, suivant l'usage qui semblait prévaloir dans l'administration de la Fabrique d'Écouché, de procéder par réduction. A cet effet, on démolit la plus grande partie de la chapelle; on vendit, par lots, les matériaux qui étaient considérables, sans compter ce qui en fut transporté à l'Hospice pour réparer le logement du chapelain, et même à l'église paroissiale pour des raisons analogues. Ce qui restait de la chapelle fut réparé au moyen de ces ressources. Le cimetière d'Écouché fut anciennement planté d'arbres à fruits, dont on vendait les produits au profit du Trésor. Lorsque la défense d'inhumer dans le lieu saint fut promulguée, les arbres devinrent gênants et ne furent plus remplacés.

XIII. — ÉTABLISSEMENTS HOSPITALIERS. — LA MALADRERIE D'UDON.

Le plus ancien établissement hospitalier, fondé pour les habitants d'Écouché et peut-être avec leur concours, remonte au XIIe. siècle.

Les Croisades avaient amené, à leur suite,

l'affreux mal de la lèpre, ou bien lui avaient donné une grande recrudescence ; aussi, fut-ce une nécessité pour les peuples de venir au secours des victimes de ce fléau, et bien plus encore de se protéger contre ses atteintes, en isolant les malades des autres hommes, et en les confinant dans des asiles d'où ils ne pouvaient sortir, sans prendre les précautions exigées par des mesures rigoureuses. Le pays se couvrit de ces retraites, qu'on appela maladreries. Il en fut érigé une, non loin du bourg d'Écouché, en-dehors de son territoire, sur celui de la paroisse de Sevray, au lieu présentement nommé Udon, hameau qui dut son existence à la maladrerie, et son nom à la petite rivière qui le baigne.

La chapelle de cette maison, détruite à l'époque de la Révolution, occupait le milieu de la route de Granville, qui tournait autour, vers les dernières maisons du hameau les plus éloignées d'Écouché.

Nous ne savons quelle part les habitants du bourg eurent à cette fondation, qui fut probablement une œuvre collective. Les habitants de Sevray et ceux d'un ancien démembrement de cette paroisse, c'est-à-dire de la petite paroisse de Bernay-sur-Orne (1), ou du moins leurs seigneurs,

---

(1) Bernay-sur-Orne, paroisse actuellement supprimée et réunie à celle de Batilly, avait été, au IXe. siècle, le siège de possessions appartenant à saint Aldric, évêque du Mans ; il y avait quatre métairies

durent y concourir; car ces habitants avaient des droits sur les revenus de la maladrerie.

L'établissement fut doté, à la fin du XII°. siècle, par un des anciens seigneurs d'Écouché, Hugues de Gournay, d'une rente de 8 sous 8 deniers tournois, que nous voyons figurer au nombre des charges supportées par le domaine d'Écouché, dans l'acte d'échange de 1220 entre le roi de

(*mansionile*). On lit, dans le troisième livre des *Miscellanea Stephani Baluzii* (1680), le passage suivant : « *Commemoratio de mansionibus et novalibus quæ prefatus Aldricus. Cenomannicæ urbis episcopus, ad « utilitatem sanctæ Dei Ecclesiæ suorumque servorum, et sustenta- « tionem pauperum sive indigentium atque supplementum sibi famu- « lantium et alenda, sive nutrienda pecora, construere et extirpare « studuit.* » Suivent les noms de ces établissements ruraux, disséminés sur une vaste étendue du pays, dont cent cinquante furent restaurés par les soins du prélat et un plus grand nombre construits à neuf sur des défrichements. Parmi ces noms de lieu, nous lisons : *in Brinnaico* (Bernay), *in Exomensi* (l'Hiémois), *mansionile IV*. Consulter un savant mémoire d'Auguste Le Prevost sur les anciennes divisions territoriales de la Normandie (*Mémoires de la Société des Antiquaires de Normandie*, t. XI, p. 1 et suiv. L'église de Bernay n'était, dans le principe, qu'une chapelle de la paroisse de Sevray : c'est ce que constate une charte de l'abbaye de St.-Florent de Saumur, dans le passage suivant : « *Hugo, presbiter de Menilete* (Ménilglaise), CAPELLAM « BERNAII QUE MEMBRUM EST SEVRACENSIS ECCLESIÆ *ut injuste a se diu « obtentam, fratribus de Braiosa reddidit* » (Archives de Maine-et-Loire). La tradition a conservé le souvenir de ces faits anciens. Elle rapporte que, comme on portait un enfant de Bernay au baptême, à l'église de Sevray, cet enfant fut noyé au passage à gué de la petite rivière de Maire, qui était grossie par un orage ; et que, pour éviter pareil malheur, Bernay fut érigé en paroisse. Quoi qu'il en soit, cette église fut donnée aux moines de Cerisy-Belle-Étoile, au commencement du XIII°. siècle, par Jean de La Ferrière, clerc.

France, Philippe-Auguste, et les héritiers du comte d'Alençon (1).

Les habitants d'Écouché aumônèrent quelques autres rentes et des pièces de terre à la maladrerie. En outre, il fut établi, nous ne savons à quelle époque, une foire annuelle, sous les murs de la maison, dont le produit, ce qu'on appelait coutume, lui fut attribué. C'était la foire *aux malades* dont nous avons déjà parlé.

Les revenus de cette léproserie furent administrés par les bourgeois d'Écouché, qui élisaient un maître ou administrateur. C'est ainsi qu'un nommé Marc Le Courtois, pourvu de cette charge, en 1300, procédait à la fieffe d'une maison appartenant à la maladrerie (2).

Lorsque la lèpre cessa ses ravages, les biens de ces établissements furent généralement attribués aux fabriques des paroisses dont ils relevaient. Cette réunion était accomplie, pour la maladrerie d'Udon, à la fin du XVIe. siècle; en effet, nous voyons, en janvier 1584, vénérable personne M^e. Cosme Chrestien, prêtre, l'un des trésoriers de l'église d'Écouché, au nom de la Fabrique de la paroisse, passer bail d'une pièce de terre d'une vergée, assise en la bourgeoisie et dépendante de la maladrerie, concurremment avec les

---

(1) Voir à l'Appendice, n°. 2, A.
(2) Archives de la Fabrique, pièce originale sur parchemin.

trésoriers des églises de Sevray et de Bernay, qui partageaient les revenus de l'ancienne léproserie, et concouraient aux charges, dans la proportion d'une moitié pour le Trésor d'Écouché, et d'un quart pour chacune des deux autres paroisses.

Les revenus, qui consistaient, ainsi que nous l'avons dit, pour une part dans la perception de la coutume de la foire *aux malades*, furent attaqués sur ce point. Le seigneur de Sevray revendique cette coutume, parce que la foire en question se tenait dans l'étendue de son fief, connu sous le nom de *chapeau de roses*. L'affaire fut portée aux assises d'Argentan, devant le lieutenant au bailliage, *commis en extraordinaire de causes, en la cohue et auditoire dudit lieu d'Argentan*, le 23 novembre 1573, afin de juger le différend qui s'était élevé entre Thomas Jolyvet, trésorier de l'église d'Écouché, exécutant, et Colas et André dits Galoys, opposants, au nom de noble homme Jean de Bouquetot, pour 6 livres 5 sols, montant d'une année de fermage de la foire *aux malades*. Les parties furent renvoyées au lundi d'après les Rois. Nous n'avons pas le texte du jugement; mais nous savons que le Trésor obtint gain de cause; ce qui n'empêcha pas cette chicane de se reproduire sous une autre forme, pendant le cours du XVIIe. siècle. Les églises propriétaires eurent à soutenir un long et coûteux procès contre un sieur Mahot, qui les mena jusqu'au Conseil du roi, pour obtenir la franchise de cette foire. Soit que les fabriques eussent fini par avoir le dessous, soit que la foire elle-même fût tombée, nous cessons, vers l'année 1660, de voir figurer le produit de la coutume sur les registres des trésoriers.

Les charges consistaient dans les honoraires du chapelain qui desservait la chapelle dédiée à saint Étienne : on y disait la messe tous les dimanches. Pendant l'exercice 1655-56, le chapelain Michel Répichet reçut 8 livres pour ses honoraires. Il y avait encore à acquitter les décimes ecclésiastiques et les frais du contentieux, ainsi que les réparations de la chapelle. Ainsi, en 1659, tandis qu'on dépensait le revenu de la maladrerie pour soutenir, à Paris, le procès Mahot, le gable de la chapelle s'écroula, et les trois fabriques furent obligées de le faire rééditier. Enfin, comme les charges de la chapelle absorbaient son revenu, elle fut fieffée à un sieur Étienne de La Guyonnière, par acte du 13 décembre 1690. La rente qu'il fit au Trésor d'Écouché fut de 42 livres. Le sieur Étienne qui se qualifia, depuis cette époque, sieur de St.-Étienne, fit desservir la chapelle : ce que ses successeurs continuèrent jusqu'à la Révolution.

Quant aux terres dépendant de la dotation de l'ancienne maladrerie, conformément à des édits spéciaux, un arrêt du Grand-Conseil, rendu en 1695, les attribua à l'Hospice d'Écouché.

XIV. — L'HOSPICE SAINT-MATHURIN.

Pendant le cours du moyen-âge, on fonda beaucoup de maisons hospitalières, pour y recevoir les pauvres, vieillards et infirmes, qui étalaient leurs misères en public. Les pieuses générations voyaient dans chaque pauvre Jésus-Christ en personne : aussi donnèrent-elles aux asiles destinés à les soigner le nom si chrétien de Maison-Dieu, Hôtel-Dieu.

Le bourg d'Écouché arriva tard pour la fondation de son Hospice : cependant, en l'année 1336, Dieu fit germer, dans le cœur de deux bourgeois du lieu, la pensée de sacrifice et de dévouement qui les porta à se dépouiller de leur patrimoine en faveur des pauvres de leur paroisse. Ces deux généreux fondateurs, tous deux clercs, se nommaient Guillaume Le Mouz et Guillaume de Coupigny. La donation consistait en un hébergement, ou maison manable accompagnée de bâtiments et dépendances, située auprès de la porte *Bourges* (1). Ils complétèrent leur donation par l'abandon de 4 acres de terre, situées non

---

(1) Voyez *supra*, p. 94.

loin de là : l'aumône fut validée par des lettres d'amortissement du fonds concédé, délivrées au nom du comte d'Alençon, comme suzerain, et par celles des seigneurs directs d'Écouché (1).

Telle fut l'origine de cet hospice, qui ne tarda pas à recevoir des bourgeois d'abondantes aumônes en argent et en terres. Plusieurs même poussèrent le dévouement jusqu'à se donner à la maison pour le service des pauvres ; ils prirent le nom de *frères condonnés, cumdati*.

Après les premières années de la fondation, lorsque tout commença à prendre forme, on sentit le besoin de fixer les attributions de chacun par un réglement. Les bourgeois d'Écouché s'adressèrent, à cet effet, à l'évêque de Séez, Guillaume Mauger, qui, par lettres datées du château de Fleuré le jeudi d'après la Purification de l'année 1344, confirma la fondation de l'Hospice et délivra le réglement demandé.

Ce prélat ne s'était pas contenté de dresser une règle, calquée sur celles des maisons hospitalières du voisinage : il voulut connaître les intentions des habitants et recueillir les avis des plus capables d'entr'eux. A cet effet, six délégués furent élus par les bourgeois : M⁰. Michel Burel, Jean Le Boucq, Raoul Le Rouillier, Michel Pellicoq,

---

(1) Voir les lettres de ces seigneurs. Appendice, n°. 5, A. B. C.

Gervais Charupel, Jean Duveau (Johannes Vituli), tant clercs que laïques, lesquels, suffisamment constitués en commission par le doyen d'Écouché, se rendirent auprès de l'évêque à son château de Fleuré. Après avoir pris leur avis (*peritorum consilio*), le prélat arrêta : que Guillaume de Coupigny, le principal fondateur de l'hospice, qui avait concouru en toute circonstance à son établissement et à sa construction, et l'avait doté de ses biens mobiliers et immobiliers, en serait le maître et administrateur et qu'il y aurait sa résidence. Cette dernière obligation fut également imposée à ceux qui devaient lui succéder, afin qu'ils fussent plus à même de prendre soin des pauvres et de leurs biens.

Le maître devait rendre ses comptes, chaque année, de la manière suivante : les trésoriers en charge, jurant d'agir loyalement et sans tenir compte des amitiés ou des haines, devaient élire six bourgeois honnêtes et capables, lesquels, réunis auxdits trésoriers et aux Frères de l'hospice, après avoir prêté serment, recevaient les comptes du maître administrateur.

Le maître était toujours révocable, chaque fois que cette mesure serait jugée utile. Lorsque l'emploi venait à vaquer par cession, décès ou révocation, les six bourgeois qui avaient reçu le dernier compte, ainsi que les frères condonnés, devaient élire quatorze bourgeois honnêtes et capables, lesquels, réunis aux six qui les avaient nommés, après s'être engagés par serment à procéder avec justice et conscience, devaient élire celui qu'ils jugeraient le plus digne de remplir la fonction vacante. Cet élu était présenté, pour la collation du titre, à l'évêque ou, en cas de vacance du siége, à l'officialité de la Cour de Séez. Il prêtait serment, entre les mains du prélat, de gérer avec fidélité le bien des pauvres : après quoi il était déclaré constitué en charge. Si les bourgeois, ne pouvant tomber d'accord, restaient plus d'un mois sans présenter de candidat, *ipso facto*, l'évêque en nommait un d'office.

Les frères servants étaient choisis par le maître, assisté de six bourgeois qui avaient reçu le dernier compte, avec conscience, selon l'intérêt de la maison.

Ces six bourgeois formaient naturellement le Conseil du maître ; ils l'assistaient dans les affaires importantes, telles que les acquisitions ou aliénations d'immeubles. Le traitement du maître fut fixé à la somme de 10 livres tournois, chiffre qu'on pouvait élever en cas de surcroît de travail ; ce qui était laissé à l'appréciation du Conseil des six bourgeois assistés des frères. Quant à ces membres du Conseil, ils ne devaient rien percevoir à leur profit, ni boire, ni manger, ni enfin quoi que ce soit, à l'occasion de leurs fonctions; à moins qu'il n'en fût décidé autrement par le maitre et les frères avec l'autorisation de l'évêque (1).

Telles sont les principales clauses du réglement qui servit à gouverner l'Hospice d'Écouché pendant près de deux siècles.

Il n'y eut pas plus de deux frères pour le service de la maison, bien que le réglement n'en fixe pas le nombre. Ainsi, nous avons rencontré un acte, daté de 1402, qui constate que le maître se nommait Guillaume Bossu, prêtre, et qu'il était assisté de M^e. Jehan...... prêtre, et de Mathieu Desvaux, frères et condonnés dudit Ostel-Dieu (2).

Peu de temps après la fondation de l'Hospice, on y érigea une chapelle pour assurer aux pauvres malades le service divin, et aux pieux fondateurs des prières et une sépulture honorable. Elle fut dédiée à saint Mathurin : ce qui fit désigner la maison sous le nom de ce saint.

Outre les pauvres qui reçurent l'hospitalité dans cet asile, quelquefois les bourgeois aisés ne dédaignèrent pas d'y venir chercher une retraite pour leurs vieux jours : témoins ce Jehan Le

---

(1) Il existe une copie de ce réglement, collationnée sur l'original, aux Archives de l'Hospice d'Écouché (A.-J). Ce document est en latin.

(2) Acte original, sur parchemin, de fieffe d'une pièce de terre appartenant à l'Hospice (Archives de l'Hospice).

Vieul et sa femme, qui reconnurent et confessèrent par-devant les tabellions du siége d'Écouché, et consignèrent dans un acte daté du 14 février 1449 :
« qu'ils se donnoient à ladite Maison-Dieu de St.-
« Mathurin, avec la somme de 22 sous tournois
« 6 deniers de rente, qui leur appartenoit. Ils
« donnèrent et aumônèrent, en outre, à icelui
« hospital 15 bêtes aumailles, tant grandes que
« petites, deux lits, douze draps linges, six écuelles
« d'estain, six saucières, deux plats, un grand pot
« de cuivre, une paelle d'airain, et plusieurs autres
« ustensiles de mesnage, dont ils firent la ré-
« serve leur vie durant ; ils donnèrent, en outre,
« à l'hospice tout ce qui pouvoit leur échoir par
« la suite, à la condition qu'ils auroient audit
« lieu une chambre solitaire pour leur demeure ;
« illec auront, aux despens dudit hospital, tout
« leur nécessaire, boire, mangier, vestir et
« chaucier ; seront pourvus se ils sont malades
« au lict, et soignés bien et honnestement selon
« leur estat, tout le temps de leur vie ; et, à
« leur mort, seront mis en sépulture, selon ce
« qui à eux appartient, et toutes les finances
« qu'ils pourront faire et recueillir à l'avenir se-
« ront toutes au profit dudit hospital ; et partant,
« Raoul Curot, présentement maître et adminis-
« trateur dudit hospital, les reçut à être admis
« par la forme susdite audit hospital, du con-

« sentement des trésoriers de l'église et de plusieurs autres bourgeois (1). »

Les institutions humaines, même celles qui sont basées sur la charité et la religion, finissent toujours par dégénérer entre les mains de ceux qui les dirigent : tant il est difficile de résister aux mauvaises influences de notre nature ! Qu'on ajoute à cette cause de désorganisation les longues suites de guerres et de discordes civiles qui agitèrent la société à l'époque qui nous occupe, et on ne sera pas surpris que le temps ait amené de graves abus aussi bien dans l'administration de l'Hospice d'Écouché que dans celle de toutes les maisons hospitalières.

Le roi de Navarre et son épouse, la célèbre Marguerite, qui se trouvaient alors seigneurs d'Alençon, informés de ces désordres, prirent des mesures pour y remédier dans leur duché. Ils délivrèrent, à cet effet, des lettres-patentes, par lesquelles ils nommèrent des commissaires pour présider à une réformation des maisons hospitalières de leurs domaines. La commission pour le bourg d'Écouché était précédée d'un préambule remontrant : « que, par ci-devant, les biens « de l'hospital d'Escouché avoient été employés à

---

(1) Acte original, sur parchemin, de fieffe d'une pièce de terre appartenant à l'Hospice (Archives de l'Hospice).

— 192 —

« autres usages que pour les pauvres et qu'il
« étoit nécessaire d'y donner ordre à l'avenir. »

Deux commissaires se rendirent donc sur les lieux et rédigèrent, avec le concours des bourgeois, un nouveau réglement qui pût arrêter les abus. Voici un extrait du procès-verbal de cette opération et un résumé des statuts qui s'ensuivirent : « Le pénultième de décembre 1539, les
« commissaires firent congréger et assembler, par
« devant le sénéchal-sergent, les bourgeois, manans
« et habitans d'icelui bourg, dans l'église parois-
« siale d'icelui lieu, desquels les noms ensuivent
« (ces noms sont au nombre de 41, y compris le
« procureur-général des bourgeois, Jehan Mau-
« voisin), tant prêtres que laïques, lesquels se
« réunirent en la présence de M^e. Jehan Tirmois,
« procureur fiscal ès vicomtés d'Argentan et
« Exmes, lequel ayant fait requête de procéder
« à la réformation dudit hospital et Maison-Dieu,
« les commissaires firent à l'assemblée remon-
« stration des intentions et bon-vouloir desdits
« seigneur et dame, de maintenir mesnage et
« gouvernement qui, par en devant, avoit été au
« revenu de ladite maison et hospital; les biens
« d'ycelle étant employés à autre usage que pour
« les pauvres, et qu'il estoit nécessaire d'y donner
« ordre à l'avenir; et, après avoir reçu l'advis
« d'un chacun en particulier; avoir, de leur

« accord et consentement, réformé par leur dé-
« libération et avis, avons ordonné et ordonnons
« les choses qui ensuivent. » Suit un réglement,
en 16 articles, dont nous donnerons la substance :

Par l'article 1er., il était enjoint de célébrer dorénavant le service divin de ladite Maison-Dieu selon et jouxte les fondations et legs anciens.

Art. 2. Chacun an sera élu un bon et loyal receveur aimant et zélant le bien des pauvres, pour recueillir le revenu et administrer le temporel.

L'article 3 introduisait une innovation dans l'emploi des ressources de l'Hospice ; une portion en était attribuée aux secours à domicile en faveur des pauvres honteux ; et, afin que le revenu fût charitablement distribué, on devait élire, chaque année, deux personnes notables pour tenir le bureau chaque semaine, et connaître des affaires de toute nature, tant à l'Hospice que dans le bourg.

Quant aux admissions dans la maison, il fut spécifié qu'on n'y recevrait que les gens du bourg, à savoir : les enfants exposés sans fraude, non avoués ; les impotents et les malades, ne pouvant aucunement gagner leur vie. L'admission et la distribution des secours étaient à la discrétion du bureau.

Pour la recherche des pauvres honteux, on

devait élire chaque année deux honnêtes personnes d'Écouché, sous la dénomination de *doyens des pauvres*, qui seraient tenues de faire mémoire chaque dimanche ou autre jour auxdits maîtres, afin d'y ordonner leur avis et consentement (1).

Les maîtres devaient signer les ordonnances et décharges concernant les aumônes et les transmettre au receveur ; par cette formalité, les dépenses se trouvaient allouées aux comptes dudit receveur et non autres deniers qui, par lui, pouvaient avoir été payés de quelque manière que ce fût.

Pour le service des malades dans l'Hospice, les frères furent remplacés par deux femmes veuves ou autres, de bonnes mœurs, ou un homme et sa femme aimant les pauvres, auxquels on devait donner provision de vivres par les gens tenant le

---

(1) Ceci constitua un Bureau de charité, mode d'assistance bien insuffisant lorsqu'il s'agissait de faire face à des disettes, ou chertés de grains, qui se produisaient si souvent. Dans ces circonstances, le Trésor de la paroisse, aussi bien que les Confréries, s'imposaient des sacrifices importants pour venir en aide aux besoins les plus urgents. Nous trouvons, dans les anciens comptes de la Fabrique et des Confréries, le détail des sommes allouées sous la dénomination de *taxe des pauvres*. Les années de ces dépenses correspondent infailliblement à des époques désastreuses. Ainsi, en 1649-50, le Trésor de l'église appliqua la somme de 250 livres à cette aumône, et la Confrérie Notre-Dame celle de 73 livres. En 1662, depuis le jour des Rameaux jusqu'à la fin du mois de juin, la dépense se monta à 44 livres 15 sous pour le Trésor et à 72 livres pour la Confrérie.

Bureau. Dans la crainte que ces secours donnés avec tant de charité ne développassent les abus du paupérisme, des peines même corporelles furent portées pour les conjurer et les réprimer, par un article spécial ayant la sanction souveraine ; il est ainsi conçu : « Pour obvier aux pauvres
« mendiants, vivant en oisiveté, vaguant par les
« rues, desquels arrivent et procèdent plusieurs
« maux et abus, seront faites expresses défenses
« par les dits seigneur et dame et leur justice,
« sous peine du fouet, aux gens puissants et bien
« dispos de leurs personnes de mendier. Seront
« les valides et puissants tenus de besoigner et
« gagner leur vie ou bannis hors du bourg. »

Quant aux mendiants étrangers traversant le bourg, s'ils se présentaient à l'Hôpital, ils pouvaient y être hébergés une nuit seulement et non plus : « et s'ils sont trouvés après commandement
« à eux faict de vider, ledit receveur avertira le
« procureur fiscal pour en faire punition exem-
« plaire. »

Le dernier article fixait les gages du receveur pour ses peines et salaire de la distribution des deniers et administration de la Maison-Dieu ; il devait avoir à son profit 12 deniers par chacune livre de recette (1).

(1) Une expédition, sur une énorme feuille de parchemin, des lettres-patentes du roi et de la reine de Navarre, du procès-verbal et du régle-

Telle fut la règle de l'Hospice d'Écouché jusqu'à la fin du XVIIe. siècle, en 1666, où, à l'occasion de l'élection de deux filles pour le service de la maison, les habitants, réunis en assemblée, délibérèrent et arrêtèrent un règlement en 15 articles concernant la conduite, les soins, les occupations desdites filles et ce qui devait être fait pour elles à leur mort, enfin la manière de les remplacer à l'avenir. L'administration de l'Hospice leur fut confiée à forfait, tant pour la nourriture du personnel que pour les médicaments à administrer aux malades selon les ordonnances. Leur nombre fut fixé à deux, à moins que, par suite de vieillesse ou d'infirmité, il ne fût nécessaire de leur adjoindre des aspirantes pour les soulager. Elles ne pouvaient obtenir cette faveur qu'après en avoir communiqué avec le sieur curé, les prêtres, le chapelain, les administrateurs et principaux bourgeois ; après quoi les postulantes seraient admises à faire leur probation, qui devait durer six mois.

Ces hospitalières, élues à vie par le fait de

---

ment des commissaires, se trouve aux Archives de l'Hospice d'Écouché. Le règlement se termine ainsi : « Si donnons en commandement au
« bailly d'Alençon, vicomte d'Argentan et Exmes, qu'ils fassent chacun
« à droit soi observer, garder et entretenir de point en point les arti-
« cles et instances ci-dessus déclarés : en témoin desquelles choses,
« nous avons signé les présentes et apposé le scel de nos armes. Donné
« audit lieu d'Escouché, le pénultième de décembre, l'an 1539. Signé :
« J. Caiget, J. Blondel. »

leur nomination, étaient censées avoir donné tous leurs biens meubles présents et à venir ; en quelqu'endroit et circonstances qu'ils se trouvassent, ils étaient acquis à la maison. Pour compenser ce sacrifice, l'Administration de l'Hôpital leur concédait le logement, la jouissance des salles, chambres, greniers, jardins, et leur assurait la sépulture dans la chapelle après leur mort. Il leur fut alloué 5 sous chaque jour par malade admis sur les lits. Cependant, les bourgeois se réservèrent de n'en donner que 4 pour les grabataires, quand il y aurait des hospitalières un peu plus à leur aise que celles qui occupaient présentement l'emploi, ou bien dans le cas où l'Hospice serait chargé du soin desdites filles pour cas de vieillesse et d'infirmité. On leur abandonna, en outre, la rente d'un capital de 300 livres que le sieur Ducoudray-Brière avait donné à l'Hospice pour aider lesdites filles à se procurer les remèdes nécessaires aux pauvres admis sur les lits.

Ces hospitalières furent chargées de tenir les petites écoles des pauvres, et elles touchèrent le produit de la fondation qui se montait à 30 livres par an (1). Enfin, on s'engagea à leur payer l'in-

---

(1) Cette fondation datait de l'année 1679, ainsi qu'il résulte d'un contrat passé le 5 janvier, entre Mgr. de Forcoald, évêque de Séez, et Me. Pierre Cherville, vicaire perpétuel de St.-Gervais de Séez, pour placement sur le clergé du diocèse, en rente constituée au denier 18,

térêt de l'argent qu'elles mettraient dans la maison, de leur vivant. Après leur mort, il devait être célébré deux services, au lieu de leur sépulture, par les soins du clergé de la paroisse.

Bien que cet accord fût signé simplement par les habitants et les hospitalières, et qu'il paraisse n'avoir reçu la sanction d'aucune autorité civile ou religieuse, il se maintint jusqu'en l'année 1773. A cette époque, les bourgeois d'Écouché sollicitèrent l'autorisation de réformer les anciens réglements : à cet effet, ils déléguèrent deux d'entr'eux,

<small>d'une somme de deux mille cent soixante livres, que le sieur Cherville déclarait avoir reçue d'une dame charitable, pour être employée en fonds de rente, afin d'établir quatre filles ou veuves dévotes, dans les lieux de Bellême, Écouché, Trun et St.-Pierre-sur-Dives pour tenir les petites écoles de filles pauvres et visiter les malades. Ces institutrices devaient être agréées par l'évêque de Séez, et révocables à sa volonté. Les habitants d'Écouché, mis en demeure d'accepter leur part de cette fondation, consentirent aux obligations qu'elle imposait, savoir : de faire l'acquisition d'une rente de valeur pareille à celle léguée. Le 1er. mars 1694, ils présentèrent Gabrielle Hériot, l'une des hospitalières de l'Hôtel-Dieu ; elle fut agréée. Les hospitalières continuèrent par la suite à tenir l'école gratuite ; néanmoins, elles furent autorisées à prendre des pensionnaires, mais avec l'agrément des chefs du Bureau et des notables, qui devaient fixer, en assemblée, les conditions de leur admission. Le fonds de cette fondation fut perdu lors de la banqueroute de Law, le remboursement ayant été fait en billets de la banque du célèbre agioteur. L'école ne fut point fermée par suite de cette perte, parce que l'Administration de l'Hospice pourvut à cette dépense. Néanmoins, les hospitalières eurent un petit nombre de pensionnaires, parce qu'il y avait deux autres sœurs dans le bourg, jouissant d'une maison et du revenu d'une fondation en faveur des filles pauvres. Leur école était très-bien suivie et très-bien tenue.</small>

pour les représenter à la Cour du Parlement, qui ordonna l'enquête, sous la direction du lieutenant au bailliage ; elle eut lieu le 22 novembre de cette année et fut favorable aux solliciteurs. Ils obtinrent un nouveau réglement en 21 articles. Les modifications portaient sur les points suivants.

Les anciens statuts permettaient aux hospitalières d'admettre les malades sur un simple billet, signé par le curé ou son vicaire et par un des membres du Bureau. Pour éviter l'admission de gens ne faisant point partie de la population du bourg, il fut arrêté qu'on n'en admettrait que sur la présentation d'un billet signé par trois membres du Bureau, avec une attestation du chirurgien (1) certifiant que le postulant était incapable de gagner sa vie.

Les secours à domicile furent maintenus. Le Bureau était composé du sieur curé, du chapelain de l'Hospice, des deux plus anciens prêtres habitués de l'église, de six des principaux bourgeois dont deux étaient renouvelés chaque année, et de deux administrateurs choisis parmi les notables

(1) Le chirurgien de l'Hospice, en sa qualité de chirurgien des pauvres, jouissait du privilége d'exemption de la Taille ; c'est ce qui résulte d'une délibération du général des habitants d'Écouché, en l'année 1696, par laquelle il était enjoint aux collecteurs d'imposer Jacques Chrétien, chirurgien, droguiste et cirier, jouissant de son bien dans le bourg, lequel revendiquait l'immunité, comme prétendu chirurgien des pauvres. Les habitants ne reconnaissaient que Gabriel Gauthier, aîné, chirurgien.

habitants pour gérer les biens et affaires de l'Hôpital. Ces fonctionnaires, élus de trois ans en trois ans, étaient indéfiniment rééligibles. Cette administration se complétait par un receveur élu pour deux ans, ayant droit de séance au Bureau, mais sans voix délibérative.

Les deux administrateurs et les six notables devaient visiter tour à tour, deux fois la semaine, les malades de l'Hôpital.

Cette organisation se maintint jusqu'à la Révolution : à cette époque, la maison fut fermée et les hospitalières se retirèrent dans leurs familles. Après la tourmente, elles rentrèrent et continuèrent à donner des soins aux malades.

En l'année 1809, les habitants d'Écouché, aux termes des articles 2 et 3 du décret impérial du 18 février, soumirent leurs statuts à la sanction du gouvernement.

La maison, qui comptait 12 lits, fut placée sous la surveillance du maire et des autorités supérieures, et soumise aux règles administratives fixées par la loi du 16 messidor an VII. Néanmoins, les principes du réglement de 1773 furent maintenus, quant à la gestion des hospitalières. La dame Bazière, qui était à la tête de l'Hospice depuis vingt-neuf ans, en qualité de supérieure, continua ses soins aux malades. Les meubles et provisions de toute nature, telles que bois de chauffage, cidre, vin, eau-de-vie, denrées alimentaires, furent reconnus lui appartenir. L'Administration ne revendiqua que ce qui était porté sur le répertoire du 13 floréal an XIII. La dame Bazière fut chargée de l'entretien des malades, à raison de 75 centimes par jour pour chacun (cette règle pouvait varier suivant des circonstances majeures). La maison et le mobilier durent être entretenus à ses frais.

Les hospitalières, si elles devenaient infirmes, tombaient à la charge de l'Hospice. Mgr. l'Évêque de Séez, pour ce qui regarde le spirituel, était le supérieur immédiat de la Communauté. Il devait recevoir par lui-même, ou par un prêtre délégué, la novice présentée par la supérieure et agréée par l'Administration de l'Hospice. Cette novice promettait, entre les mains du prélat, respect et obéissance à ses supérieurs spirituels et temporels. Ces hospitalières ne firent jamais de vœux et n'appartinrent à aucun ordre religieux. On les soumit à un noviciat plus ou moins long, suivant leurs facultés intellectuelles et les besoins de la maison; elles portaient le costume noir et devaient sortir voilées, soit pour aller aux offices, soit pour faire les provisions; leur nombre fut fixé à deux ou trois.

Cet ordre de choses n'existe plus : les administrateurs agissent directement sans l'intermédiaire des sœurs, qu'on fait venir de telle ou telle Communauté. Cette ancienne organisation avait donné lieu à bien des plaintes et des tiraillements : les archives de l'Hospice sont encombrées d'actes de procédure entre les administrateurs et les hospitalières. Ces débats ont duré pendant plus d'un siècle.

L'enquête de 1809 accusait pour revenu à l'Hôpital d'Écouché le chiffre de quatre mille deux cent trente-huit francs, dont trois mille neuf cent quatre-vingt-treize en biens fonds et deux cent quarante-cinq en rentes. Le chiffre actuel se monte à environ six mille francs, qui sont employés à secourir les pauvres du bourg à l'exclusion des étrangers.

L'Administration a toujours été très-soigneuse d'empêcher les fraudes à cet égard. Cependant, les derniers seigneurs d'Écouché s'étaient arrogé, sur les questions administratives de l'Hospice, un droit d'approbation dont n'avaient pas joui leurs prédécesseurs. Les décisions prises depuis MM. de Breteuil sont toutes sanctionnées sur le registre par le visa des seigneurs. Les choses allèrent même plus loin : en l'année 1769, M. le marquis de La Motte, en sa qualité de baron d'Écouché, fit apporter, sur son chariot, une femme de Joué-du-Plain qui avait un grave mal au pied et la fit déposer à l'Hospice, en vertu d'un billet délivré par les administrateurs.

Lorsque le sieur curé, qui n'avait pas été prévenu, eut connaissance du fait, il convoqua une assemblée de paroisse, le 22 d'avril 1769. Il y exposa son grief contre le seigneur de La Motte et les administrateurs de l'Hospice, soutenant que cette admission était contraire à tous les précédents, et demandant si l'on voulait ainsi donner un droit aux étrangers. L'influence du marquis de La Motte pesa tellement sur l'assemblée qu'une partie se retira sans délibérer, et que le petit nombre des votants fut partagé en deux camps. Huit furent pour l'admission, deux seulement contre. Quant au sieur curé, il protesta énergiquement contre cette décision. C'était M. Dubois.

Cet acte de faiblesse des habitants contraste singulièrement avec l'attitude que plusieurs d'entr'eux devaient prendre, quelques années plus tard, lorsque vint à gronder la tempête révolutionnaire. Mais on nous permettra de consigner encore ici quelques particularités relatives à l'histoire de cet Hospice.

Louis XIV ayant rendu, en décembre 1672, un édit pour l'annexion, à l'Ordre de St.-Lazare et du Mont-Carmel, de toutes les maisons hospitalières qui pouvaient avoir été détournées de leur destination pour tomber entre des mains étrangères, à titre de bénéfices, le Conseil de l'Ordre, sous la direction de haut et puissant seigneur messire François-Michel Le Tellier, marquis de

Louvois, grand-vicaire général de l'Ordre, assigna les habitants d'Écouché, pour les contraindre à remettre en son pouvoir leur Maison-Dieu.

Cette affaire donna de graves inquiétudes aux bourgeois. Cependant, il ne fut pas difficile de prouver que l'Hôtel-Dieu d'Écouché, fondé par leurs pères, était bien administré ; qu'il avait conservé sa destination première ; que l'hospitalité y était exactement observée, et que le service divin y était célébré suivant les fondations.

Les bourgeois avaient commissionné, pour suivre leur procès, à Paris, Nicolas Segouin, dit La Croix, administrateur en charge de la Maison-Dieu, qui se logea rue de Mariveaux, paroisse St.-Jacques-la-Boucherie, et soutint l'instance pendante en la Chambre royale, séant à l'Arsenal. Le Conseil de l'Ordre, ne pouvant aller contre l'évidence des faits, finit par se désister de ses prétentions ; et l'acte du désistement fut rédigé et signé au petit hôtel de Montmorency, rue de Bracque, paroisse St.-Nicolas-des-Champs, le 27 avril 1675. La Chambre homologua cet acte le 7 mai suivant.

L'Hospice d'Écouché, après avoir repoussé victorieusement une attaque usurpatrice, ne tarda pas à prendre le rôle agressif, dans une affaire qui ne tourna pas à son avantage. Les bourgeois voulurent faire annexer à leur Hôpital la dépouille d'un Consistoire protestant, fondé en la paroisse de Joué-du-Plain, sur le fief du Mesnil, et fermé par suite de la révocation de l'édit de Nantes.

La Réforme n'avait pas laissé beaucoup de traces dans le pays, quoique la propagande de certains seigneurs eût développé, dans le temps, ces doctrines nouvelles. Ainsi, d'après une enquête de témoins faite pour l'aveu de la terre de La Motte, rendu par le sieur Ango, il fut établi que le dernier seigneur de ce domaine, du nom de Montgommery, et ses prédécesseurs avaient pratiqué la religion prétendue réformée ; qu'ils avaient ruiné et laissé ruiner la chapelle de St.-Pierre, fondée au château de La Motte, dont ils avaient perçu les fruits et revenus à leur profit : aussi en avaient-ils acquitté les décimes à l'évêché de Séez.

Une autre famille protestante posséda un fief à Joué-du-Plain : c'était celle de Jehan de Frotté, notaire et secrétaire des rois François Ier., roi de France, et Henri II, roi de Navarre. Ce Jehan de Frotté était seigneur de Couterne, de Vieux-Pont (canton d'Écouché), du Mesnil en Joué-du-Plain, etc. (1). Après la mort de ce seigneur, François de

---

(1) Lettre du roi de France, Henri II, qui relève Jehan de Frotté, écuyer, sieur de Vieux-Pont et du Mesnil en Joué-du-Plain, dont il était propriétaire à titre d'acquéreur, de saisie et entier empêchement, pour foi et hommage non faits. Ces terres relevaient du roi, à cause de son châtel d'Argentan. 12 décembre 1554. Pièce originale (Chartrier du château de La Motte).

Frotté, son troisième fils, avait eu en partage, dans sa succession, le fief du Mesnil, nommé plus anciennement le Mesnil-Martel (1). Ce domaine était échu, dans le courant du XVIIe siècle, à titre d'héritage, à Suzanne de Frotté, qui l'apporta en mariage à Charles du Monnier, sieur de La Métairie. Suzanne, étant devenue veuve, en fit don, par avancement d'hoirie, à Henri du Monnier, son fils aîné, cornette de cavalerie; celui-ci en rendit hommage au roi, en l'année 1670 (2).

Il existait, sur le territoire de ce domaine, un Consistoire protestant, à la fondation duquel les seigneurs n'avaient peut-être pas été étrangers. Il était peu fréquenté et surtout peu richement doté. Henri du Monnier et sa mère, zélés partisans de la religion réformée, constituèrent en faveur de ce temple deux rentes-hypothèques, l'une se montant à soixante-trois livres quinze sols, au capital de mille vingt livres, au denier seize, et l'autre à quarante-quatre livres neuf sols, au capital de huit cents livres, au denier dix-huit, par contrats passés devant messires de Mortain et Marescot, tabellions à Vieux-Pont, les 28 avril 1660, 6 et 13 mars 1669. Malgré ces libéralités, le Consistoire

---

(1) Aveu rendu au roi par François de Frotté pour la terre du Mesnil, demi-fief de haubert. 24 octobre 1599. Pièce originale (Ibid.).
(2) Ibid.

du Mesnil ne se trouva possesseur que d'environ deux cents livres de rente, lorsque l'édit de révocation vint le fermer.

En l'année 1684, un premier édit interdit aux protestants la pratique de leur culte et prononça la confiscation de leurs temples. L'année suivante vit paraître la révocation de l'édit de Nantes. Cet acte est du mois d'octobre 1685.

Aussitôt que les habitants d'Écouché eurent connaissance de ces dispositions, ils s'assemblèrent et, dans une réunion présidée par le curé de la paroisse, à la date du 17 juin 1685, ils donnèrent pleins pouvoirs à un procureur pour comparaître, au nom de la Maison-Dieu d'Écouché, au Conseil du roi et partout ailleurs où besoin serait pour requérir, audit nom, arrêt de main-levée et saisie des biens temporels, fruits et revenus appartenant ou ayant appartenu à l'église paroissiale du Mesnil en Joué-du-Plain, suivant et conformément à la déclaration du roi et arrêt de son Conseil, ladite Maison-Dieu se trouvant la plus rapprochée de ladite église. Les habitants donnèrent pouvoirs au sieur Philippe Brière, administrateur de la maison, de fournir audit procureur tous et tels deniers qu'il conviendrait.

Les habitants d'Écouché s'assemblèrent de nouveau, le 4 novembre de la même année, sur l'avis de leur syndic, le sieur Belzais, qui les informait que les administrateurs de l'Hospice d'Argentan avaient fait donner assignation au sieur du Mesnil, au ministre (1) et aux anciens du Consistoire, pour se faire remettre les titres concernant le revenu de cette église; ce qu'ils avaient obtenu en vertu d'une ordonnance du bailli d'Argentan, rendue le 9 octobre 1684.

Les bourgeois d'Écouché décidèrent, séance tenante, que les sieurs Belzais, maître du Bureau de l'Hospice ; Nicolas Segouin, et Philippe Brière, receveur, se pourvoiraient par requête devant les juges d'Argentan, pour y appeler le sieur Pollin, receveur de l'Hospice de cette ville, afin de le contraindre à remettre les titres du Consistoire entre les mains du sieur Brière, par la raison que leur Hôpital était plus rapproché de Joué-du-Plain que celui d'Argentan.

Les administrateurs de ce dernier Hospice, se trouvant inquiétés, adressèrent une requête au roi, relativement à ces biens ainsi qu'à ceux des Consistoires de Crocy et de Fontaines-les-Bassets qu'ils revendiquaient également (2). Cela n'empêcha pas les débats avec les habitants d'Écouché de se prolonger pendant plusieurs années ; mais, pendant leurs disputes, un nouveau compétiteur

(1) Registres de l'Hospice d'Écouché.
(2) Cette requête des administrateurs de l'Hospice d'Argentan était dirigée contre ceux de l'hôpital de Trun. Afin d'empêcher que ces biens

obtint, en 1691, des lettres-patentes du roi, qui l'envoyaient en possession de l'objet en litige. Ce fut M. Jean-Baptiste Ango, seigneur de La Motte, qui poursuivait alors l'instance d'érection de son domaine en marquisat. Pour arriver à ce but, il cherchait à agrandir sa terre, et il saisit l'occasion qui se présentait d'acquérir les fiefs de ces gentilshommes protestants, que les circonstances contraignaient de se dessaisir (1).

ne s'en allassent en frais, il fut rendu un arrêt contradictoire, à la date du 5 février 1685, qui désigna le sieur de Bouville, intendant d'Alençon, pour présider une enquête sur cette affaire ; après quoi, elle fut portée devant le lieutenant au bailliage, qui renvoya les parties devant le roi, en son conseil d'État (Chartrier de l'Hospice d'Argentan).

(1) Ainsi, Henri du Monnier vendit au seigneur de La Motte son fief du Mesnil, par contrat du 11 janvier 1688, ainsi que celui des Marais, assis en la même paroisse, par contrat du 2 janvier, même année (Chartrier du château de La Motte). Charles de Frotté se dessaisit, en faveur du même acquéreur, de son domaine de Vieux-Pont, ainsi que du fief de Pubois, héritages qu'il tenait de son père, Benjamin de Frotté, lequel était petit-fils de Jehan de Frotté, comme descendant de René de Frotté, fils aîné de Jehan. L'acte de vente est de l'année 1689. L'année suivante, Charles de Frotté était obligé de céder ce qui lui restait à Vieux-Pont, c'est-à-dire quelques rotures de son domaine qui lui donnaient qualité pour conserver le nom de sa terre, la ferme du Houx et le moulin du Val (*) à Charles d'Aumont, sieur de La Vente, président en l'élection et grenier à sel d'Argentan, lequel revendit ces objets au sieur Ango (Chartrier de l'Hospice d'Argentan).

(*) Ce moulin du Val est mis en mouvement par une petite rivière dont les eaux sont retenues dans un bel étang par une puissante digue élevée par Jehan de Frotté, en l'année 1543. La dame de La Motte, Catherine Le Lièvre, fit opposition à cette entreprise et intenta un procès au sieur de Frotté, le 25 septembre 1553. Elle ne put le terminer; mais elle en légua la poursuite à son

Le sieur de La Motte avait sollicité auprès du roi les biens du Consistoire, pour les employer au rétablissement d'une chapelle ruinée de St.-Thibaud, située dans la paroisse de Joué-du-Plain, sur le fief du Metz qui lui appartenait; il se proposait de joindre à ses revenus un petit trait de dîme, autrefois inféodé, et dont les seigneurs s'étaient emparés. Cette dîme pouvait valoir environ 60 livres de rente, lesquelles réunies aux 200 du Consistoire, devaient suffire pour fonder cette chapelle et y entretenir un prêtre qui célébrerait la messe, au moins tous les dimanches et fêtes, à l'avantage des habitants séparés de l'église paroissiale par une petite rivière, dont les débordements les empêchaient de s'y rendre en hiver.

Ce chapelain devait, en outre, tenir les écoles pour instruire les enfants des nouveaux convertis. Cette enquête ayant été communiquée aux sieurs vicaires-généraux du Chapitre de Séez et au sieur de Pommereu de La Bretesche, commissaire départi en la généralité d'Alençon, ces Messieurs avaient estimé qu'il ne pouvait être fait un meilleur emploi des biens dudit Consistoire. En consé-

---

gendre, Balthasar de Villers, qui finit par obtenir, à la date du 14 mars 1558, un arrêt du Parlement qui, tout en qualifiant, au nom du roi, Jehan de Frotté de notre féal notaire et secrétaire, le condamna à rompre sa digue et à laisser fluer librement la rivière d'Eudon. Jehan de Frotté sut éluder les conséquences de ce jugement; car la digue ne fut pas détruite; elle existe même encore aujourd'hui (Chartrier du château de La Motte).

quence, le roi, par un brevet daté du 25 septembre 1690, fit don au sieur de La Motte des biens en question, pour être employés ainsi qu'il a été dit. L'année suivante, le roi délivra des lettres-patentes datées de Versailles, au mois de janvier, dans les mêmes termes que le brevet : elles donnèrent lieu à une enquête avec assignation de témoins, à la requête du procureur-général, à la suite de laquelle le Parlement les enregistra par arrêt du 26 mars 1691 (1). C'est ainsi que s'effacèrent dans la contrée les dernières traces du schisme. Mais revenons à notre Hospice, dont nous nous sommes un peu éloigné.

Le service religieux, dans la maison, fut confié à un des chapelains de l'église d'Écouché, spécialement titré pour officier dans la chapelle St.-Mathurin ; il était présenté par les bourgeois, en leur qualité de fondateurs, et soumis à la collation de l'évêque. Ce chapelain résidait dans une maison attenante à l'Hôpital.

Cette chapelle St.-Mathurin n'est pas sans intérêt : elle doit remonter au XVe. siècle, et porte la marque de nombreuses retouches du XVIe. et du XVIIe. ; elle a l'importance d'une église de campagne. N'étant plus desservie, elle est très-nue à

---

(1) Ces lettres-patentes, scellées du grand-sceau, sont conservées dans le Chartrier du château de La Motte, ainsi que toutes les pièces concernant cette affaire.

l'intérieur ; la nef est divisée par un plancher construit en 1758, et grâce auquel on se procura, à peu de frais, une salle pour recevoir un plus grand nombre de malades.

Le chœur, dégagé jusqu'au lambris, était éclairé, au chevet, par une vaste croisée, en partie bouchée, sous laquelle est appuyé l'autel, qui a conservé son rétable primitif. Il consiste en un corps saillant sur la muraille, formé en pierre de taille, dans l'épaisseur duquel on voit des niches surmontées de dais à pinacles, où se remarquent, au centre, la statue de Notre-Seigneur assis sur un haut siége, bénissant de la main droite ; et, de chaque côté, celles de ses apôtres, reconnaissables aux attributs accoutumés. Cette décoration est relevée par des enluminures.

L'image de Jésus-Christ est cachée par le tabernacle, qui n'existait pas dans le principe : aussi est-ce la seule qui porte les marques des mutilations opérées pendant la Terreur, et qui, depuis, ont été effacées sur les autres statues exposées aux regards.

L'autel et le tabernacle ont été construits depuis peu d'années. La décoration qui les accompagne est composée de débris d'anciennes contretables. Au nombre de ces objets, on remarque sur un corbeau placé dans le pignon, du côté de l'Épître, la statue du patron de la chapelle, exécutée d'une manière grossière. Saint Mathurin est représenté vêtu d'une sorte de surplis et exorcisant un personnage prosterné à ses pieds, qui semble être une femme. Il tient à la main le livre des Évangiles, et, à son invocation, un animal hideux, armé de dents meurtrières, s'échappe du corps de l'exorcisée.

De longs débats entre le chapelain de l'Hôpital et le curé de la paroisse, relativement à des empiétements que celui-ci reprochait au chapelain, eurent lieu vers le milieu du siècle dernier. Un des griefs du curé était que son subordonné avait sollicité, auprès de Mgr. l'Évêque de Séez, l'autorisation de construire un tabernacle dans la chapelle, pour y conserver le Saint-Sacrement, afin de pouvoir le tenir à la disposition des malades. Le curé crut voir dans cette demande, qui n'était pas motivée par l'usage, un empiétement à sa juridiction spirituelle. Il s'ensuivit des discussions puériles et passionnées, qu'il serait sans intérêt de remettre en lumière. Nous nous contenterons d'extraire, des grimoires auxquels elles donnèrent lieu, quelques détails sur les dispositions du chœur de la chapelle, antérieurs à l'année 1750, date de ces conflits. Ce chœur était anciennement fermé par une haute balustrade, d'un beau travail, au milieu de laquelle s'ouvrait une grande porte cintrée, en menuiserie ouvragée et sculptée. Au-dessus pendait un très-beau crucifix attaché au tirant de la charpente par une chaîne de fer. Le maître-autel était accompagné de deux autels latéraux, lesquels n'existaient plus quand le sieur Louis Belzais fut nommé à l'Hospice. Il s'attacha à rétablir les choses. A cette occasion, le curé l'accusa d'avoir détruit le maître-autel, pour orner les autres. Il s'en défendit, en soutenant qu'il n'avait fait que reprendre ce qui avait appartenu à ces autels, et que, même, la statue de sainte Opportune était un présent qui avait été fait à la chapelle de l'Hospice par Mme. l'Abbesse d'Almenesches.

XV. — CONCLUSION.

Nous sommes arrivé à l'époque qui vit disparaître les institutions que le temps et les abus avaient minées. Les habitants d'Écouché saluèrent avec enthousiasme cette ère nouvelle; mais ils ne surent pas conserver le calme. Excités par des meneurs exaltés, ils se laissèrent aller aux entraînements et aux écarts les plus blâmables : dans leur aveuglement, on les vit acclamer, comme une délivrance, les décrets de spoliation de leur église et de la vente de son patrimoine, dont ils se rendirent acquéreurs à vil prix. Ils ne reculèrent point devant la sacrilége profanation dont ils souillèrent la maison de Dieu et les cendres de leurs pères, en faisant de leur église le temple de la Raison (1). Étrange démenti donné à la prétendue sagesse humaine, que cette aberration aussi odieuse que ridicule! On vit, en outre, une bande des plus égarés s'acharner à la destruction des édifices religieux, en mutilant et abattant les statues et les emblèmes sacrés. Au risque de leur vie, ils se faisaient hisser dans des paniers jusqu'aux voûtes et aux endroits les plus inaccessibles, pour atteindre les inscriptions ou les objets de leur fureur. Comme le groupe de l'Assomption de la Vierge qui couronne l'autel du Rosaire résistait aux efforts de ces forcenés, l'un d'eux alla chercher ses chevaux afin d'accomplir l'acte de destruction.

Cette époque à laquelle nous touchons, a déjà son histoire légendaire. Le peuple, dans les récits qu'il fait de ces événements, les a colorés de la teinte des vieux âges. Ainsi, on rapporte que les deux animaux, bien innocents, qui avaient appliqué leurs forces à la destruction de l'image de la Sainte Vierge, périrent dans l'année. Quant à leur

---

(1) Le 9 frimaire, an III, vente aux enchères de l'ancienne maison du sacristain. Voici ses abornements contenus au procès-verbal : joûte, d'un côté, la rue de la Cour-Bailleul ; d'autre, le Vieux-Crochet ; d'un bout, le citoyen Longuerais, et d'autre, le *Temple de la Raison* (Archives de l'Orne).

maître, Dieu lui fit miséricorde : il mourut longtemps après, réconcilié avec l'Église. Un autre, en abattant la statue de saint Mathurin, dans la chapelle de l'Hospice, fut pris sous sa chute et eut la jambe brisée. Quand il ne resta plus rien à détruire dans l'église d'Écouché, on y fabriqua du salpêtre ; et la tradition rapporte que les ouvriers ayant avisé une image du Christ, sculptée sur bois, mutilée et oubliée dans un coin, s'en saisirent, la scièrent par tronçons et voulurent s'en servir à alimenter une fournaise allumée pour les besoins de leur travail ; mais à peine la tête du Sauveur eut-elle effleuré les flammes, qu'elle fut rejetée par elles contre les profanateurs qui s'enfuirent épouvantés.

Nous n'imputerons pas ces actes de vandalisme, non plus que les scènes d'un autre ordre qui jetèrent un mauvais renom sur les habitants d'Écouché, à la masse de la population qui en gémissait en silence ; quelques exaltés firent tout le mal. Si ces forcenés s'étaient bornés à des faits d'odieuse lâcheté, qu'ils accomplirent contre des femmes sans défense, en leur coupant les cheveux avec leurs sabres, on se contenterait de les prendre en mépris ; mais, dans une circonstance fatale, le 14 mars 1793, ils prouvèrent toute la férocité dont ils étaient capables. A l'occasion d'une proclamation affichée dans la ville d'Argentan pour provoquer des enrôlements volontaires destinés à combattre le soulèvement de la Vendée, une collision eut lieu entre les hommes d'ordre et les exaltés. Ces derniers, inférieurs en nombre, allaient avoir le dessous, lorsqu'un des officiers municipaux fit appel aux frères et amis d'Écouché. Ceux-ci accoururent et les chances de la lutte tournèrent. Le malheureux Barbot-Tierceville, l'un des chefs du parti de l'ordre, tomba aux mains des sans-culottes qui l'égorgèrent ; sa tête fut promenée au bout d'une pique par toute la ville. Cette victime ne suffit pas à ces hommes altérés de sang : un étranger, Michel Huguet, de la commune de la Ferrière, arrivant à Argentan pour ses affaires, se rencontra face à face avec le hideux cortége. Soit indignation, soit effroi ou compassion pour la victime, il manifesta son horreur. Il n'en fallut pas davantage pour exciter la colère des furieux qui se jetèrent sur lui, le massacrèrent et firent un nouveau trophée de sa tête (1).

Après la tourmente, les habitants d'Écouché réparèrent tant bien que mal les ruines et les dévastations de leur église. Un prêtre du bourg, avec plus de bonne volonté que de talent, a rattaché, replâtré et remis sur pied une grande

---

(1) *Histoire d'Argentan*, p. 433 ; Germain, Alençon 1843.

partie des saints qui la décoraient ; mais l'édifice porte des cicatrices ineffaçables.

Écouché est devenu, par suite de l'organisation nouvelle, chef-lieu d'un canton de l'arrondissement d'Argentan ; il en tient la tête, non-seulement par son titre officiel, mais encore par l'intelligence et l'activité de ses habitants, qui sont généralement adonnés à l'agriculture. Ce canton est le centre d'une production chevaline dont l'importance va toujours croissant. S'il faut attribuer les progrès de cette industrie à l'impulsion donnée par l'Administration des haras, il ne faut pas oublier qu'elle fut en grande partie provoquée par l'initiative d'un homme qui jouit d'une réputation bien méritée : nous voulons parler du *père Chéradame*, cet homme, fils de ses œuvres, qui a su s'élever par son intelligence à une vraie célébrité. On ne peut aujourd'hui parler d'Écouché, sans que le nom de cet homme intelligent, dont nous déplorons la perte, ne vienne se présenter à l'esprit. Heureusement il a laissé des fils qui ont hérité de ses précieux reproducteurs, ainsi que de ses idées et de son énergie et qui continuent honorablement ses traditions.

Quant aux fabrications qui prospérèrent autrefois à Écouché et dans les environs, elles ont disparu. Nous avons hésité, jusqu'à ce moment, à parler d'une tendance déjà ancienne qui a valu aux habitants un sobriquet tellement connu, qu'on n'a aucune raison pour le taire. On dit souvent : les *Juifs d'Écouché*, la *Judée*, pour désigner Écouché et ses habitants, taxés d'usure par la tradition. Tout en flétrissant ce vice, nous ferons observer que cet esprit d'intérêt et de calcul, épuré et dirigé vers un but honorable, a mis quelques enfants de notre bourg à la tête des premiers établissements industriels de la capitale. Plusieurs autres ont occupé un rang distingué dans les offices ministériels et même dans la magistrature. Puissent-ils voir tous, dans cette œuvre que nous aurions voulu rendre moins indigne d'eux, un témoignage de sympathie pour le bourg où ils sont nés !

APPENDICE.

N°. 1.

Rôle de la montre des hommes de la garnison d'Écouché.
(Pièce originale communiquée par M. de La Ferrière.)

« Monstres de partie des gens d'armes et de trait estans
« hors de garnisons, venuz par le mandement du roy
« nostre sire à Escouchy, prinses et receues illec le
« vingt-septième jour de juillet, l'an mil CCCC quarante
« cinq, par nous Richart Haryngthon, chevalier, bailli
« de Caen; Guillaume Plompton, viconte de Faloize;
« Thomas de Louraille, viconte de Caen; Jehan Quin;
« Valier Eslongeworth et James Affourch, escuiers,
« commissaires du roy notre dit seigneur, les quels
« hommes d'armes et de trait nous certifions avoir veuz
« montez, armez, araiez et habillez bien et suffisamment
« ainsy qu'il appartient.

« Premièrement :
« Lances à cheval soubz James Abellaw.
« James Abellaw, Henry Flemyng, Willaume Robclay
« Thomas Syd, Thomas Chetam, Thomas Pourgnon,
« Walter Belay, Henry Holdam, Thomas Hynde,
« Guieffray Warton, Willaume Harlourby, Willaume
« Thibault, Henry Wilby, Hostryn Betrinssawt, Thomas
« Holliton, Thomas Parhair. Somme XVI lances à cheval.

« Archers.
(Suivent les noms des archers.) « Somme XLVIII archers.

« En tesmoing de ce, nous commissaires dessus
« nommés avons signé ce présent rôle et monstres de
« nos signes manuels, l'an et jour dessus diz.

« Signés : Ri. Haryngthon (signature largement
« exécutée, peu correcte), de Lourailles (1) (signature
« bien exécutée, avec un beau paraphe), G. Plompton
« (signature sans paraphe, écriture raide et illisible),
« Valier Eslongeworth (signature très-lisible, enjolivée
« d'une foule d'ornements en façon de paraphe, dans le
« goût des tabellions de l'époque), J. Affourch (2)
« (signature d'un homme plus accoutumé à manier
« l'épée que la plume). »

(1) Ce Thomas de Louraille, connu sous le nom altéré de Loraille, était seigneur d'Écoville, et possédait un hôtel à Caen, rue de Geôle. Il occupa la charge de vicomte de Caen, de 1442 à 1448 ; après quoi il fut nommé vicomte de Rouen en cette même année. Le duc de Sommerset, gouverneur général de la province, lui donna une mission auprès de Charles VII pour traiter de la paix, au nom du roi d'Angleterre. Charles VII, après avoir reconquis la Normandie, le nomma payeur général des guerres dans cette province. Louraille, lors de la *guerre du bien public*, suivit le parti des princes et s'attacha à Charles, duc de Berry, frère de Louis XI. Lorsque ce prince fut créé duc de Guyenne, son favori abandonna la place de bailli de Caen, qu'il occupait. Louis XI employa tous les moyens pour détacher Louraille du parti de son frère, sans pouvoir y réussir. Alors, si on en croit Amalgard, historien de ce prince, le roi, ayant fait emprisonner son frère, saisit en même temps le fils de Louraille et le fit mettre à mort. Thomas de Louraille n'eut pour héritière que Gillette de Louraille, qui épousa Michel de Tilly, vicomte de Saint-Germain (Voir les *Essais historiques sur la ville de Caen*, par l'abbé De La Rue, t. I, p. 137).

(2) Ce nom nous est connu (*Notice sur le prieuré de Briouze*, dans les *Mémoires de la Société des Antiquaires de Normandie*, t. XXII, p. 87). Jean du Merle, seigneur de Briouze, avait donné

N°. 2.

Acte d'échange des domaines d'Essay et d'Écouché entre Philippe-Auguste et les héritiers de Robert d'Alençon.

A l'Échiquier de Caen, tenu en 1220, Hemery de Chatellerault, Ela, veuve de Robert Erneis, et Robert Mallet abandonnent à Philippe-Auguste le château d'Essay et ses dépendances, en échange de revenus qui leur sont assignés à Écouché et autres lieux (Original scellé au Trésor des Chartes, Normandie, II, n°. 5, et Bry de La Clergerie, *Histoire du Perche*, p. 232-233). Cet acte donna lieu à des enquêtes relatives à la valeur des domaines échangés. Il est curieux de rapprocher leurs résultats, consignés dans des actes que nous allons traduire.

A. « A leur très-excellent seigneur, Philippe, par la
« grâce de Dieu, très-illustre roi des Français, Renaud
« (de Valle Terici), Bartholomé Droc, Jean de La Porte,
« salut. Sachez que, suivant votre commandement, nous

---

sa fille à un Guy Affourch, gentilhomme désigné comme natif du pays d'Angleterre. Cette famille Affourch avait déjà des alliances en Normandie. Il paraît qu'un certain Guy, ou Guyot Vauquelin, ancêtre des poètes Vauquelin de La Fresnaye et Vauquelin des Yveteaux, était allé s'établir, ou prendre femme en Angleterre, au XIVe. siècle. Il avait épousé Anne Affourch. Leur fils, Fralin de Vauquelin, tint le parti de Charles VII. Ce fut lui qui acquit le fief des Yveteaux, en faveur de son fils Jean, lequel obtint des lettres-patentes du roi Louis XI, en l'année 1475, pour ce démembrement de fief pris sur celui de Briouze (*Généalogie manuscrite de la famille de Vauquelin des Yveteaux*).

« avons assigné aux héritiers du comte R. d'Alençon,
« en échange d'Essay, les revenus et les domaines ci-
« dessous désignés : dans la seigneurie d'Écouché, les
« cens féodaux valent, chaque année, c sous ; les autres
« cens, avec les étaux, xl sous ; la halle, xxv sous ;
« l'eau, xl sous ; le mesurage du blé, lx sous ; le
« mesurage du vin, xii sous ; la foire de septembre, avec
« un marché la semaine suivante, iiii livres ; les trois
« fours, xlv sous ; le moulin de La Folletière, en défal-
« quant la dîme, c sous ; le moulin d'Orne, xxviii
« livres ; les prés, iiii livres et demie ; l'écluse *(Mutreri?)*,
« v sous, deux chapons et vii deniers ; le marché
« avec le transit et obole, xxvii livres et demie ; dans
« la prévôté de Guillaume de Tilly, il est perçu lxx sols
« (portion indivise d'Écouché) ; dans celle de Gu1,
« c sous. Roger Gaudin rend l *lances* (?) à la Nativité
« du Seigneur. Total : cent livres cent sept sous huit
« deniers, sur lesquels les religieuses de Fontevrault tou-
« chent annuellement, pour leur aumône, xx livres ;
« l'abbé du Bec, x livres ; l'abbé de la Trappe, lx sous ;
« les lépreux, viii sous et viii deniers. Il reste aux dits
« héritiers lxxii livres tournois, moins xii deniers.

« Voici les fiefs de chevaliers que nous leur avons
« assignés, savoir : Nicolas d'Avoines, un demi-fief de
« haubert, relevant du domaine d'Écouché ; Guillaume
« et Girard de Boucé, un demi-fief de la même mou-
« vance ; Girard et Guillaume de Vieux-Pont, ainsi
« qu'Adam de Chantelou, un demi-fief relevant d'Écouché ;
« Girard du Mesnil, Raoul de Fontenay et Roger de Li-
« gnou, un demi-fief relevant également d'Écouché ;
« Olivier de Saint-Ouen (sur-Maire), un fief relevant de
« celui de Château-Gonthier (commune de La Courbe) ;

« Jean de La Carneille, un fief mouvant de Briouze ;
« Robert de Pointel, un fief relevant du même lieu.

« Lesdits héritiers ont en outre, pour leur échange,
« la forêt de Bourse, tout le bois nommé Chaumont et
« la Roche-Hélois tout entière, avec ce que vous possé-
« diez dans le bois de Gul et la forêt d'Écouves, depuis
« le haut, vers Carrouges, jusqu'au vieux chemin condui-
« sant d'Argentan à Alençon, en remontant directement
« vers le chemin des Rocherets, et jusqu'à celui qui suit
« la vallée jusqu'au gué de la Foresterie, sauf le droit
« d'autrui dans lesdits bois. En raison de quoi nous avons
« scellé le présent écrit de nos sceaux. » (*Cartulaire normand de Philippe-Auguste*, publié par M. Léopold Delisle, dans les *Mémoires de la Société des Antiquaires de Normandie*, t. XVI, 2e. partie, p. 42.)

Voici, en regard, l'estimation du domaine d'Essay :

B. Après les préambules de l'acte de cession du domaine dont il s'agit, on trouve l'énumération suivante
des revenus de cette châtellenie : « Le four d'Essey vaut
« annuellement IV livres tournois ; le moulin, XXXIX
« livres et XII sous, défalcation faite de la dîme ; la
« foire de St.-Pierre-ès-Liens, XIV sous ; la prévôté,
« XL sous ; la métairie d'Anei avec ses dépendances,
« XX livres ; les cens de S^{te}.-Scolasse, IV sous ; le fief
« de Marchemaisons, XX sous ; la pêcherie de Foligny,
« IV livres ; celle de Fontaines, VIII sous ; l'étang de
« Paillelote, C sous. Les corvées des laboureurs sont es-
« timées XL sous ; le fêtage (1) des maisons, XX sous ;……

---

(1) Cet impôt était dû sur les maisons inhabitées. Ainsi, on lit dans
une charte de Philippe-le-Bel pour l'abbaye de Fécamp : « Audit fieu
« (du Torp) a XL masures, dont chacune masure, quand elle n'est
« pas resséante, doit III solz tournois par an, et quand ils sont res-

« IV^{XX} livres et XIII sous tournois, sur lesquels le cha-
« pelain perçoit x livres (l'addition n'est pas conforme
« à la vérité). Ainsi, il demeure au seigneur roi LXXV
« livres XIV sous tournois.

« Quant aux fiefs des chevaliers relevant du domaine,
« ce sont : Robert de Planches, qui tient trois fiefs ;
« Pierre de Neaufle et d'Aunou (Alnoa) et leurs pairs,
« qui tiennent deux fiefs ; Guillaume de Vieux-Pont, qui
« tient un fief à Chailloué » (Cette charte est traduite
sur la copie que reproduit très-incomplètement Bry de
La Clergerie, p. 233).

N°. 3.

Cession d'Écouché à Éla d'Alençon. (Traduction.)

« Philippe, roi, etc. Savoir faisons..... que nous avons
« concédé à Éla, sœur du feu comte d'Alençon, Écouché
« pour le tenir à perpétuité, ainsi qu'il fut assigné aux
« héritiers dudit comte d'Alençon, en échange d'Essay,
« de sorte que Éla et ses hoirs tiendront ce domaine de
« nous et de nos successeurs, ainsi que les seigneurs
« d'Écouché avoient coutume de le tenir, selon les us
« et coutumes de Normandie. Nous concédons, en outre,
« à ladite dame quatre fiefs de chevaliers, ci-dessous
« mentionnés, qui font partie de l'échange susdite »
(Suit la liste des fiefs que nous avons donnée à l'article
qui précède). « Les quatre seigneurs desdits fiefs ren-
« dront à ladite Éla les services qu'ils ont accoutumé

« séantes, ilz sont quictes desdits trois solz » (*Études sur la condition de la classe agricole en Normandie*, par M. L. Delisle, p. 63, note 50).

« de rendre à leurs seigneurs respectifs. Fait à Mantes,
« sauf notre droit, et selon les us et coutumes de Nor-
« mandie, l'année du Seigneur 1222, la XLIIIe. de notre
« règne, au mois d'avril » *(Grands Rôles de l'Échiquier
de Normandie,* publiés par M. Léchaudé-d'Anisy, dans
les *Mémoires de la Société des Antiquaires de Normandie,*
t. XV, p. 167, c. 1).

N°. 4.

A. Par une charte datée du mois d'avril 1302, Robert
de Vieux-Pont, chevalier, seigneur de Chailloué, aumôna
à l'abbaye de Silly-en-Gouffern une rente de 60 sous
tournois, à prendre sur le domaine d'Écouché *(quos
habebam et percipiebam annuatim in prepositura de Escocheyo
ad festum sancti Remigii).* Pour valider cette donation,
il fallait la sanction des seigneurs du lieu, qui la con-
firmèrent chacun par une charte particulière. La première
est souscrite par Jehan II de Tilly, dont la part dans le
domaine d'Écouché était affectée à la garantie de la rente.
Voici cette pièce, qui est rédigée en français :

B. « A tous ceux qui ces lettres verront, *Johan de
« Tilly,* chevalier, seigneur de Cuy et de Fontaines
« (Henri), salut. Comme nostre amé chevalier Mon-
« seigneur Robert de Viexpont, seigneur de Challoye,
« ait donné perdurablement à l'église de Notre-Dame
« de Silley et ès chaignoignes de celui lieu sexante sous
« de rente, lesquels ledit Robert avoit en notre pré-
« vôté d'Esquoschey, nous voulons et octroyons que
« lesdits religieux et leurs successeurs puissent tenir
« ladite rente, sans ce que nous et nos hoyrs les puissent
« contraindre de mettre hors de leurs mains, salvées en

« autres choses toutes nos droytures et les autres, et
« que ce soit fixé et establi en temps arrière, nous
« avons ces lettres scellées de mon propre scel. Donné
« et octroyé au mois de novembre l'an de grâce M^L III^{ccc}
« et deux. »

En qualité de seigneurs *paragers* du domaine d'Écouché, les deux seigneurs étaient solidaires : aussi, les moines de Silly réclamèrent-ils pareille garantie de l'autre possesseur : ce à quoi se soumirent Jehan II d'Harcourt et sa femme, aux droits de laquelle il tenait cette seigneurie. Voici leur charte :

C. « A tous ceux qui ces lettres verront ou oyront,
« Johan, seigneur de *Harcourt*, et *Johanne de Chastel-*
« *raust, sa fame*, dame d'icelui lieu, saluz » — Cette charte est rédigée dans les mêmes termes que celle qui précède; elle se termine ainsi : — « Nous avons ces lettres
« scellées de nos sceaux, donnés au moys de juignet *(sic)*,
« l'an de grâce mil trois cenz et VII. » — Ces chartes originales n'ont plus leurs sceaux.

Malgré ces engagements solennels, il s'éleva, par la suite, de longues contestations entre les moines et les successeurs de Jean de Tilly pour le paiement de cette rente. Nous allons suivre ces débats, non pour l'intérêt qu'ils peuvent offrir, mais parce que les actes que nous mentionnerons seront autant de jalons pour fixer la filiation de nos seigneurs d'Écouché.

D. En 1384, il s'éleva un procès entre les religieux de Silly et messire *Philippe de Harcourt*, chevalier, seigneur de Bonnétable, Écouché, etc., lequel fut porté aux assises du bailliage, à Argentan, le 24 octobre de cette année, relativement au paiement de la rente de 60 sous, assise, est-il dit dans les actes de procédure, sur la prévôté d'Écouché, en la portion appartenant à icelui chevalier, et qu'il refusait de payer. Le sire d'Harcourt finit par souscrire, ainsi que sa femme, Jehanne de Tilly, des lettres par lesquelles il déclara « vouloir et consentir que les ditz religieux eussent et « prinssent, pour le temps advenir, lesdits 60 sous de « rente sur ladite prévôté, ainsi que les arrérages qui « étoient dus avant ledit appointement. Mais plus tard « se mirent les ditz religieux (tels sont les termes de la « procédure) en son ordonnance, sur espérance qu'il leur « en feroit loyale satisfaction, dont il n'a rens faict, ne « oncques depuis ne leur a voulu payer aucune chose « de ladite rente, mais leur doit 18 années qui sont « échues, et aucunement ne leur veut faire satisfaction.... »

Le sire d'Harcourt, traduit devant le comte d'Alençon en son Conseil, fut condamné par défaut. Ce jugement fut rendu à Bellême, « les Grands-Jours du Perche « séans le 4 septembre 1402, et, en cas que de ce soit « refusant et déloyant, il fut adjourné à prochain Échi- « quier d'Alençon. »

A la suite de cet arrêt, le bailli d'Alençon fit réquisition au bailli de Caen pour faire assigner, par un de ses sergents, Monseigneur *Philippe d'Harcourt*, chevalier, comme usufruitier du domaine d'Écouché, ainsi que ses enfants, héritiers de Mme. Jehanne de Tilly, « jadis « fame dudit chevalier, à comparoître à Argentan, « parce que iceux chevalier et ses enfants sont subjets « et résidents en le bailliage de Caen » (15 septembre 1402).

Enfin, par une transaction passée entre les parties, le 4 janvier 1404, le sire de Harcourt souscrivit une charte de confirmation de l'aumône en litige, dans la même forme que celle de son auteur, Jean II de Tilly (Pièce originale scellée de cire rouge; le sceau représente l'écu aux pleines armes de la maison d'Harcourt, suspendu obliquement sous un dais à pinacle, et supporté par deux aigles ou autres oiseaux, aux ailes demi-déployées; le tout encadré dans quatre lobes).

Ce procès se ralluma continuellement, mais il ne nous fournit plus de renseignements sur les seigneurs d'Écouché, parce que les fermiers furent seuls en cause. Les moines finirent par demeurer vainqueurs, et, à la fin du XVIe. siècle, la rente était acquittée par les fermiers du moulin (Ces documents sont puisés aux Archives de l'Orne, fonds de l'abbaye de Silly-en-Gouffern).

N°. 5.

Lettres d'amortissement du fonds de l'Hospice d'Écouché.

A. « A tous ceux qui ces lettres verront ou orront,
« Jehan Le Fèvre, vicomte d'Alençon et de Trun,
« salut. Sachent tous que nous avons vues les lettres de
« nostre cher seigneur et redoubté et puissant Charles,
« comte d'Alençon et du Perche, saines et entières,
« non viciées, ne corrumpues en auchune manière,
« scellées du grand scel de rouge cire, à queue de soye,
« contenant la forme qui en suit :
 « Nous, Charles de Valloys, frère du roi de France,
« comte d'Alençon et du Perche, faisons savoir qu'à la
« supplication de Guillaume Le Mouz et Guillaume
« Coupigné, bourgeois d'Escouché, désirant donner à
« Dieu et à la fondation d'un hôpital à Escouché, à
« recevoir, coucher et lever les pauvres Jhésus-Christ

« Nostre-Seigneur et à célébrer le divin service, un
« hébergement, tant hébergié qu'à héberger, assis en
« la paroisse d'Escouché, vers la porte Bourges, entre
« les fossés ès seigneurs et Jehan dict d'Alençon, d'une
« part, et la terre Michel Gaisdon d'autre ; aboutant au
« chemin le Comte, d'un bout, et à la suite, derrière la
« maison Huet Loysel, d'autre ; si comme le tout se
« comporte en long et en lay, contenant quatre acres de
« terre ou environ. Nous, pour le divin service, pour la
« récréation des pauvres, en l'honneur de Dieu, de
« grâce espéciale, voulons et octroyons que lesdits
« Guillaume Le Mouz et Guillaume Coupigné puissent
« donner et transporter, par titre d'aumosne, le lieu
« dessus déclaré, à la fondation dudit hôpital ; et maistre
« ou maistres establis en icelle puissent tenir et pos-
« sesser ledit lieu à touts temps perpétuellement, et
« sans être contraincts de vendre ou mettre hors de leurs
« mains, et sans payer pour ceu, à nous ou à nos
« hoirs ou successeurs, finance auchune, sauf à nous
« garder seigneurie et, en autres choses, nostre droict
« et l'autruy partout. Donné à Breteuil, le jour de la
« Toussaincts, l'an de grâce mil trois cent trente-six.
« En tesmoing de ceu, nous avons ces lettres scellées
« du grand scel de la vicomté de Trun. Donné à Trun,
« l'an dessus dict, le vendredy après la St.-Hylaire »
(Scellé de cire verte à double queue. Sur le repli est
écrit : Collation faite par Garin).

Vidimus des lettres des seigneurs directs d'Écouché.

B. « A tous ceux qui ces lettres verront ou orront,
« *Jehanne de Harcourt*, déguerpie de noble homme et

« puissant Monseigneur *Henry d'Avalgor*, jadis chevalier,
« et *Jehan de Tilly*, chevalier, seigneur de Cuy et de
« Fontaines, salut. Comme nous ayons vu les lettres de
« nostre très cher et redoubté seigneur Monseigneur
« Charles de Valoys, frère du roi de France, comte
« d'Alençon et du Perche, ès quelles il est contenu que
« à la supplication de Guillaume Le Mouz et Guillaume
« Coupigné, bourgeois d'Escouché, il a aumosné.....
« (Suivent les mêmes détails que dans la pièce. qui
« précède). Sachent tous que nous, pour l'accroissement
« du divin service, et en l'honneur de Dieu et de
« Notre-Dame, pour la récréation des pauvres, et pour
« être participans ès bienfaicts et ès messes dudit hôpital,
« voulons et octroyons, tant pour nous que pour nos
« hoirs, que les choses ci-dessus soient pour cesser
« d'ors en avent en pure et perpétuelle aumosne. En
« tesmoing de laquelle chose, nous ladite Jehanne et le
« devant dit chevalier, avons scellé lesdites lettres de
« nos sceaux, l'an de grace mil trois cent trente-six »
(Scellées, lors de l'expédition, de deux sceaux de cire
verte, à double queue).

Vidimus des lettres particulières de Jean de Tilly.

C. « A tous ceux qui ces lettres verront ou orront,
« Jacques Le Roullier, clerc, garde scel des obligations
« du siège d'Escouché, salut. Sachent tous que le XXIVe.
« jour de janvier de l'an mil CCC IIIIxx unze, nous vismes
« et diligeamment regardames une lettre saine et entière,
« en scel et en escripture, contenant de mot à mot la forme
« qui ensuit : A tous ceux..... *Jehan de Tilly*, chevalier,
« seigneur de Cuy et de Fontaines, salut..... (Même

« rédaction que la pièce qui précède). Donné l'an de
« grâce mil trois cent trente-six, le dimanche après la
« Typhanie (janvier 1337). » — Ces copies de lettres
d'amortissement sont conservées au Chartrier de l'Hospice
d'Écouché.

N° 6.

Aveux du domaine d'Ecouché.

A. Copie collationnée d'un aveu rendu en 1487. « De
« haute et puissante dame, ma très honorée cousine,
« Madame *Jehanne de Harcourt*, comtesse de Tancarville
« et de Montgommery, vicomtesse de Melun, dame de
« Montreuil-Beslé, de S. Loyer sur la mer et de Gournay,
« nous, *François de Harcourt*, chevalier, baron d'Escou-
« ché et de Lougey, Bonnestable, Tilly, Cuy, Sevray, etc.,
« tenons et avouons à tenir par parage, de madite dame
« cousine, le noble fief, ville, terre et seigneurie
« d'Escouché, avec les héritiers et représentant le droict
« de la dame *vicomtesse de Thouars*, le tout en commu-
« nauté, sauf le refus, les terre et seigneurie d'Escouché
« tenues de madite dame, à cause de sa comté de Mont-
« gommery ; le tout pour un quart de baronnie en
« parage..... »

B. En 1547, autre aveu dans la même forme, rendu
par messire Jacques d'Harcourt, chevalier, baron d'Écouché et Lougé, châtelain d'Olondes, seigneur de Chevigny-
le-Viel et le Nouveau, Feuguerolles et Bazoques, Le
Coisel, Auvray, Chy, Maupertuis, Longueraie, Gul,
Ferrière, Sevray, St.-Ouen et St.-Brix, concurremment
avec les héritiers de feu *don Frédéric de Foix*, en son

vivant grand-écuyer du roi de Navarre, à noble et puissant seigneur Mg^r. *Jacques de Montgommery*, chevalier de l'Ordre, comte de Montgommery, *sieur de Lorges* et de Tancarville, capitaine de cent archers écossais de la garde-du-corps du roi et gentilhomme de sa Chambre (Ce Jacques de Montgommery est le père du fameux capitaine huguenot).

C. En 1551, aveu rendu par Jean Vaudoré, de la paroisse de Joué-du-Plain, à noble seigneur *Charles de Harcourt*, pour lui et ses frères, seigneur de Juvigny, baron de Lougé, seigneur de St.-Ouen-sur-Maire, Sevray, Ferrières, St.-Brix, etc. et en partie d'Écouché, et à noble dame *Aimée de La Fayette*, gardaine, par ordonnance royale, de dame *Jeanne de Foix*, fille et héritière de puissant seigneur messire *don Frédéric de Foix*, en son vivant chevalier, etc., et sieur de l'autre moitié dudit lieu d'Écouché; pour la vavassorerie de La Viganière, dont il possédait l'aînesse; c'était une dépendance du domaine d'Écouché.

D. En 1579, *Nicolas d'Harcourt*, chevalier de l'Ordre du roi, seigneur et baron d'Écouché, La Viganière, La Folletière et Lougé, concurremment avec les héritiers de *don Frédéric de Foix*, rend aveu de la baronnie d'Écouché, tenue en parage du comté de Montgommery, à noble et puissant seigneur *Jacques de Montgommery*, seigneur de Lorges, Bourbaré (le fils aîné de Gabriel).

E. 1605. Aveu de noble *Urbain d'Harcourt*, conjointement avec les représentants de *don Frédéric de Foix*, rendu au même Jacques II de Montgommery.

F. Cérémonial de l'aveu. Copie collationnée du procès-verbal de réception de l'aveu de 1487, mentionné plus haut. « *Jehanne de Harcourt*, comtesse de Tancarville et

« de Montgommery, dame de Montreuil, etc. A tous
« ceux qui ces présentes lettres verront, salut. Savoir
« faisons qu'aujourd'hui avons reçu de nostre très cher et
« aymé cousin, messire *François de Harcourt*, chevalier,
« baron d'Escouché, Bonnestable, Tilly, etc., l'aveu de
« ladite seigneurie d'Escouché, tenue de nous en parage,
« au troisième genouil (1), à cause et pour raison de
« nostre dit comté de Montgommery, dont le chef est
« assis en la ville d'Escouché, le dit aveu scellé du seing
« de nostre dit cousin, et scellé de son scel d'armes,
« lequel aveu nous recevons et retenons pour véritable.
« Si mandons à nostre sénéchal, procureur, receveur
« de notre dit comté, qu'il ne donne, ne souffre donner
« aucun empêchement à nostre dit cousin; en tesmoing
« de quoi nous avons fait signer notre secrétaire. Donné
« en nostre chastel de Montreuil-Beslé, le 26e. jour de
« novembre, l'an de grâce 1487. » Signé Le Clerc, avec
paraphe.

G. Le 29 mai 1544, procuration fut donnée par-devant les tabellions royaux à noble et discrète personne, Me. Pierre de Vernay, curé de Notre-Dame de Sevray et de Tilly, pour lui conférer pouvoir, « puissance et authorité, de
« rendre et bailler aveu et dénombrement d'ycelle terre
« et baronnie d'Escouché, tant pour messire *Jacques de*
« *Harcourt*, baron d'Escouché, de Lougé, d'Olondes,
« etc., que pour la part de l'autre seigneur. »

---

(1) Cette forme d'hommage à trois génuflexions était insolite. L'ancienne et la nouvelle Coutume de Normandie n'en font pas mention. L'article 107 porte : « La forme d'hommage est que le vassal, noblement tenant, doit étendre ses mains entre celles de son seigneur, et dire ces mots : Je deviens votre homme à vous porter foi et hommage, sauf la féauté au roi. »

Texte de l'aveu.

EE. Nous reproduisons l'aveu de 1605, parce qu'il est original. Nous omettons le préambule que nous avons donné plus haut. « .... Tenons et avouons tenir par
« parage de mondit seigneur, le noble fief, ville, terre et
« seigneurie d'Escouché, avec les héritiers de don *Félix*
« *de Foix*, le tout en communauté, saouf refus, les terres,
« maisons et rentes acquises par nos prédécesseurs; le
« tout ensemble, pour un quart de baronnie en parage,
« à laquelle baronnie et seigneurie d'Escouché il y a
« haute-justice et moyenne, et exposition de l'épée,
« gibet à trois piliers, de tout temps immémorial, pour
« laquelle justice les héritiers ou représentants du nommé
« Cossar doibvent fournir et achapter la corde du pen-
« dant, quand il y a justice à faire en icelle baronnie,
« dont le chef d'icelle est assis tant en ladite ville d'Es-
« couché que en plusieurs paroisses, savoir : Joué-du-
« Plain, Loucey, Avoines, St.-Brix, Sérans, Sevray et
« St.-Ouen-sur-Maire, sur lesquelles paroisses lesdits
« sieurs d'Escouché ont droit de justice et seigneurie.
« Avec ce ont droit de présenter au bénéfice et cure
« dudit lieu d'Escouché, quand le cas s'offrira. Ont
« droict de cour et usages, pleds, gages-plèges, reliefs,
« treizièmes, aydes féaulx et coutumiers, amendes
« quand elles échoiront de droict. Item. Y a sergent pour
« lesdits sieurs à faire tous exploits et contrainctes à
« ladite baronnie, sur tous les bourgeois et subjets d'icelle
« auquel est deub regard de mariage, à cause et aux
« droicts desdits seigneurs, avec autres beaux droicts
« deubs audit sergent par les hommes de ladite baronnie.
« Item. Foires et marchés deux jours la semaine, à

« savoir le mardy et le vendredy, de toutes sortes de
« bêtes, marchandises et estallages; halles à la boucherie
« et à toutes sortes de grains. Travers, passages et péages,
« droits de billette à toute la banlieue. Havage à tous
« grains, mesurage, guets et arrière-guets à nous deubs
« par les hommes et bourgeois de ladite ville, trois fois
« l'an, avec l'amende des guets. Cens et amendes deubs
« à cause d'iceux. Rentes en deniers et oiseaux. Moulins
« à blé et place de moulins, appelés moulins d'Orne et
« de la Foltière, auxquels les hommes et bourgeois
« d'Escouché sont banniers et moultants d'iceux moulins.
« Iceux hommes, subjets à aller quérir à leurs dépens
« les tourniaus d'iceux moulins; subjets aux chaussées
« pour réparer icelles. Les prairies appelées les prés
« d'Orne et la Bouverie, au nombre de 8 acres. Rivières
« et droit de pêcher en icelles. Sep, collier et droict de
« prison fermée et de tous autres droicts de crimes. Four
« à baon. Droict de bourgaige et de coutume sur les
« hommes qui ne font aucun guet auxdits seigneurs et
« l'amende desdits contraincts. Motte et fossés à ladite
« ville, auxquels fossés lesdits hommes et bourgeois sont
« subjets à les curer à leurs despens et tenir en estat
« deub, et toutes autres droictures et dignités à fief
« noble et baronnie appartenant. Avons droict de bailler
« prix aux boires, comme aux vins, cidres, distribués au
« détail, audit lieu d'Escouché, avec jaujage et mesurage
« et réformation des vaisseaulx des taverniers et des
« boisseaulx, et toutes autres choses nécessaires à ré-
« former à ladite ville, ès foires et marchés. Item. Les
« hostelliers de ladite ville sont subjets de marquer
« leurs services d'étain et leurs bannières des armes
« des seigneurs d'Escouché, sous peine de soixante sous

« tournois d'amende, et doibvent chacun des hostelliers
« d'Escouché ung pot de vin et cildre de chacun vaisseau
« qu'ils mettent en perce avec le pain; le tout deub
« auxdits seigneurs, et en défaut payeront chacun XVIII
« sous XX deniers d'amende. Droict de faire tenir les
« écoles audit lieu d'Escouché. A cause de laquelle
« baronnie, nous sommes tenus envers nostre dit sei-
« gneur, en reliefs, treizièmes, aydes coutumiers, selon
« parage, quand ils échéront de droict et selon l'usage
« du pays. Ainsi le baille ledit sieur de Harcourt, et
« advoue tenir dudit seigneur comte en foy et hommage,
« ainsi que dict est, saouf à plus amplement bailler et
« déclarer.

« Les seigneurs d'Escouché sont tenus faire et payer
« par chacun an, au prince, à sa recette à Argentan, la
« somme de 8 livres tournois de rente, à cause du dégats
« et desgorgement de l'eaue de l'Esseurve, qui pourroit
« endommager les prés de Goulet, appartenant au
« prince. »

Cet aveu, malgré les prétentions mal fondées qu'il exprimait, était admis sans conteste par les comtes de Montgommery dont il ne blessait en rien les droits ; mais lorsqu'à l'occasion du décret de la seigneurie d'Écouché, rendu contre *Jacqueline de Béthune*, on publia les aveux et le dénombrement du domaine, cette publication souleva une vraie tempête contre les prétentions expri-mées. Des réclamations plus ou moins fondées se produi-sirent de toutes parts: on s'abattit sur la malheureuse baronnie comme sur une proie. Toutes ces attaques furent jugées aux assises d'Argentan, présidées par Guil-laume de Brossard, écuyer, sieur de La Féraudière, lieu-tenant ancien civil et criminel du bailli d'Alençon, le

23 mai 1607. Nous allons passer rapidement en revue les décisions de la justice qui intervinrent : nous y trouverons l'expression exacte de l'importance féodale d'Écouché.

I. Le premier opposant fut noble homme Guillaume de Vigneral, vicomte d'Argentan, qui proteste contre la qualification de baronnerie *(sic)* mentionnée au décret, et prétend faire supprimer tous les droits sur les habitants d'Écouché, mentionnés dans les aveux, et en outre se faire attribuer le droit de pêche qu'il dit lui appartenir, autant que la rivière d'Orne s'étend le long des prés Mane.

Les bourgeois en général, manants et habitants dudit lieu d'Écouché, opposants pareillement à la prétendue qualification de baronnie, et à tous les droits contenus aux aveux, revendiquaient leur droit aux communs, dits marais. Ils comparurent, représentés par Jean Mezain, leur procureur-syndic : « Sur lesquelles oppositions
« desdits seigneur de Vigneral et habitants en général
« d'Escouché, a été ordonné que lesdits bourgeois, ha-
« bitant actuellement audit bourg, demeureront exempts
« de havage de leurs grains et coutumes contenues audit
« décret, selon les priviléges de bourgeoisie ; ne seront
« tenus à aucunes réparations aux moulins dudit lieu,
« bieux, beilles, ni chaussées. » Le sieur de Vigneral fut autorisé à pêcher jusqu'aux prés Mane.

Il se produisit de fréquentes réclamations, motivées sur ce que, dans le dénombrement du domaine, on ne tenait pas compte des nombreuses fieffes qui avaient été consenties par les seigneurs à des habitants du bourg, tant aux fossés d'enceinte qu'à la motte féodale, pour l'établissement de jardins ou de mares à fumier ; et, entr'autres, pour l'inféodation des Diguets, terrain pris sur le marais pour l'agrandissement de l'enceinte et le creusement des grands fossés neufs, en 1587. Il fut fait droit, par le juge, aux réclamations appuyées sur des titres. Quant aux autres, les postulants furent renvoyés aux assises suivantes pour produire leurs pièces.

Raulin Ameline comparut, représenté par Bastien Chastelain, pour le *droit de geôle*, qu'il disait lui appartenir pour une moitié : ce qui lui fut accordé, sauf la production de ses preuves aux assises suivantes.

Demoiselle Charlotte Le Toux, veuve du sieur de Méheudin, protesta contre le titre de baronnie. Cette attaque cachait une réclamation personnelle, relative à une pièce de terre nommée Les Morbieux, revendiquée par ladite demoiselle, et la prétention qu'elle élevait d'envoyer au bourg d'Écouché les ânes de son moulin à blé de Méheudin, pour recueillir et ramener les poches ou sacs de tous ceux qui auraient la volonté d'y aller. Cette demande fut rejetée ; mais la réclamation relative aux Morbieux fut accordée, à la charge par ladite demoiselle de souffrir la retenue d'eau des moulins d'Écouché.

Une autre réclamation fut élevée par la même demoiselle et M. de Vigneral, relativement à la *verte-moulte* (1), exprimée dans le dénombrement, et dont ils voulaient faire décharger les pièces de terre qu'ils possédaient dans la bourgeoisie d'Écouché. Le seigneur

---

(1) La verte-moulte consistait dans le droit que percevait le propriétaire d'un moulin sur les terrains situés dans l'étendue de son fief, et possédés par des individus non-résidants, comme indemnité du droit de mouture.

décrétant, pour éviter un procès, renonça au droit de *verte-moulte* en faveur des opposants, mais seulement sur les héritages qu'ils possédaient actuellement dans le domaine d'Écouché, et non pour ceux qu'ils pourraient acquérir à l'avenir.

Les taverniers, hôteliers et cabaretiers d'Écouché firent opposition, à la « sujétion de payer le premier pot de chacun vaisseau exposé en vente, tant de vin, cidre que de poiré. » « A été accordé pour expédient, entre
« les parties, que les réclamants seront tenus de payer
« le prix d'un pot de chaque boisson, quatre fois l'an,
« et non de s'acquitter en nature, et partant il sera
« passé outre au débat. »

Thomas Ameline, sergent hérédital de la baronnie d'Écouché, autre opposant, soutenait : « que du nombre
« des droits sieuraux, que ledit seigneur a employés
« en la codicile *(sic)* dudit décret, il lui appartient,
« en ladite qualité de sergent hérédital, plusieurs droicts
« dépendants de ladite sergenterie: entre autres, le
« regard de mariage deub par chacun des subjets de
« ladite baronnie, droict de cueuillir une gerbe en la
« moisson sur chacun des hommes ayant héritage en
« icelle baronnie, etc. » Ses demandes furent admises dans les termes suivants : « Attendu que le seigneur
« décrétant et autres prétendants audit droict n'ont
« voulu contredire, vu les lettres dudit Ameline, il est
« maintenu dans ses droicts, franchises et libertés. »

Enfin, le débat se termine par l'opposition que présentent les hommes et vassaux de la seigneurie de Sevray, connue sous le nom de *Chapel de roses :* ils délèguent leur syndic, Jean Le Sénéchal, pour soutenir que les grands et petits marais ou communs d'Udon leur appartenaient en communauté avec les habitants d'Écouché. Acte fut accordé aux habitants de Sevray de leur opposition ; néanmoins, du consentement des parties, il fut ordonné qu'il serait procédé au passement et interposition dudit décret, sans préjudice de leurs droits et du soutien contraire dudit Mezain, syndic des bourgeois d'Écouché.

Viennent, après ces détails, la forme et le prix de l'adjudication qui suivit ce jugement (Toutes ces pièces sont conservées dans le Chartrier du château de La Motte-Lézeau).

N°. 7.

Pièces concernant le fief de Sevray dit du Chapeau de roses.

A. Aveu rendu ès pleds, du fief, terre et seigneurie du *Chapel de roses*, par les vassaux, à *Jehan de Harcourt*, sieur du lieu, de Bonnestable, etc., le 28 mars 1451.

B. Autre aveu rendu par les vassaux, du fief du *Chapeau de roses* à *Charles de Harcourt*, le 1er. avril 1551.

C. Vente faite, le 21 mars 1571, par *Nicolas de Harcourt*, chevalier, seigneur et baron d'Écouché, à *Balthasar de Villers*, seigneur de Hennesis, de la terre et fief du *Chapeau de roses*.

D. La terre de Sevray, ayant passé par alliance de la famille de *Villers* dans celle de *Bouquetot*, échut à *Gabriel II de Montgommery*, par suite de son mariage avec *Suzanne de Bouquetot*. En 1657, un descendant de cette union, *Jacques des Royers*, sieur de *La Brissolière*, l'échangea avec Messire *François de Vigneral* contre un autre domaine (Chartrier du château de La Motte). La terre de Sevray est demeurée dans la possession de cette famille jusqu'à nos jours; elle est morcelée depuis environ trente à quarante ans, ainsi que celle de Vigneral, à laquelle elle avait été réunie.

N°. 8.

Extrait du testament de la comtesse de Montgommery.

« Du vendredy dix-huitième jour de novembre mil six
« cent cinquante, après midi, fut présente haulte et
« puissante dame, Aimée de Chasteney, dame comtesse
« de Montgommery, baronne d'Escouché, Bourgranville,
« Postigny et autres nobles terres et seigneuries, laquelle
« estant en son lict, malade, néantmoings sainé d'esprit et
« entendement, recognoissant qu'il n'est rien plus certain
« que la mort, et incertain l'heure, a désiré par ce pré-
« sent faire testament et disposer de sa dernière volonté,
« ainsi qu'il ensuit..... Au neuvième article dudit testa-
« ment est escript : Ladite dame donne et délaisse à
« l'église Notre-Dame d'Escouché la somme de six cents
« livres, pour ayder à fonder et establir la Confrérie du
« St.-Rosaire en ladite église, et pour être asseurée aux
« prières, messes et oraisons quy sont et seront dites en
« ladite église, laquelle somme de six cents livres sera
« prinse, par précipult, sur tous et chacuns ses meubles,
« en quelques lieus qu'ils puissent être; ensemble sur
« les fermages à elle deubs.....

« Priant ladite dame, comtesse de Montgommery,
« tous ses parans et amis, d'entretenir le présent de
« point en point, sans y contrevenir....... Le présent
« testament lu et relu à ladite dame, suivant la coutume,
« présence de Me Simon Mezain, prêtre, vicaire d'Escou-
« ché, et de Me Michel Répichet, prêtre dudit Escouché.

« Délivré sur la minutte par moy, Jacquin Belzais,
« garde dudit registre, le 8 d'octobre 1680 » (Archives
de la Fabrique d'Écouché).

N°. 9.

Aveu de la seigneurie de Boucé.

« De hault et puissant seigneur, Messire *Gabriel*, comte
« de *Montgommery*, chevalier des ordres du roi, conseiller
« d'Estat, capitaine de cinquante hommes d'armes de ses
« ordonnances, seigneur et châtelain de Ducey, baron
« d'Escouché, de Vignats et St.-Sylvain, seigneur du
« Breuil, Postigny, La Motte, Courteilles et du Mesle-
« sur-Sarthe; confesse et advoue tenir dudit seigneur,
« sous la baronnie de Vignats, Gaspard de Nocey,
« escuyer, seigneur dudit lieu de Boucé, du Torquesne
« et autres terres et seigneuries, savoir est : le fief
« de haubert, dont le chef est assis en la paroisse de
« Boucé, et s'extend ès paroisses de St.-Sauveur, de
« S^{te}.-Marie, du Mesnil-Scelleur, de Francheville, etc.;
« auquel fief il y a un manoir seigneurial clos à fossés
« pleins d'eau, tours, pavillons et pont levys, lesquels
« fossés les hommes et vassaux sont tenus de curer, et
« amener les bois, pierres et carreau pour bastir et
« réparer, dans l'enclos desdits fossés » (Suit le dénombrement du domaine, dans lequel figurent des moulins à blé, à tan et à draps; ce qui prouve le peu d'ancienneté de la forge établie sur l'emplacement de ces usines, et qui fonctionne encore aujourd'hui). « Les hommes et
« vassaux de ladite seigneurie sont subjets en rentes,
« tant en argent qu'en denrées, et à faire les foins du
« domaine, iceux fouler et mener au fennil ; abattre et

« cueillir les fruits croissant sur le domaine, faire les
« cildres, entonner et mettre en chantier; curer les bestes
« du seigneur, charger et charroyer les fiens, les épandre
« aux champs; amener le bois, pour le chauffage du
« seigneur, à prendre au bois de Gul et de Mont-
« gommery, appartenant à présent au seigneur de Car-
« rouges, par acquêt; et des autres services, comme
« de corvées de charrue deux fois l'an, en mars et en
« septembre; porchiage et brebiage; ayde de vicomtage
« et autres subjetions et services déclarés par les aveux
« rendus à ladite seigneurie. A raison du quel fief,
« terre et seigneurie, ledit de Nocey est tenu envers
« le comte de Montgommery, à cause de sa dite baronnie
« de Vignats, en foy et hommage, reliefs, treizièmes,
« aydes féaulx et coutumiers.....

« En foi de quoi il a signé le présent adveu et scellé
« du sceau de ses armes, ce 18e jour de may 1629. Et
« baillé devant nous, Charles Cavey, écuyer, licencié ès
« loix, sénéchal desdits comté de Montgommery et ba-
« ronnie de Vignats, présence de Guillaume Bourdon,
« tabellion royal et greffier ordinaire d'icelle baronnie.
« Signé de Nocey, Cavey et Bourdon, avec leurs para-
« phes, et scellé de cire verte » (Copie, collationnée
en 1657, et communiquée par M. de Montzey, qui la
conserve dans le Chartrier de son château du Désert).

N°. 10.

Lettres d'octroy pour le bourg d'Ecouché.

« Henry, par la grâce de Dieu, roi de France et de
« Pologne, à nos amés et féaulx conseillers, les esleus

« d'Argentan, Alençon et le Perche, et à tous nos autres
« justiciers et officiers qu'il appartiendra, salut. Sachent
« que nos amés les manans et habitants du bourgaige
« d'Escouché, au vicomté d'Argentan, nous ont faict re-
« monstrer en nostre Conseil, que nostre très-honoré
« seigneur et aïeul le roy François, que Dieu absolve,
« leur avoit, pour certaines bonnes et raisonnables
« considérations, permis et octroyé, par sa lettre d'édict
« et déclaration, donnée au mois de may 1530, de faire
« clore et fermer à leurs dépens ledit lieu et bourg
« d'Escouché de murailles, tours, portails, fossés et
« aucunes choses requises et nécessaires pour la forte-
« resse dudit lieu et la conservation des personnes et
« biens de nos subjets, et iceulx tenir en sûreté soubs
« son obéissance, et empêcher à l'advenir les forces
« publiques, outrages et molestations qui leur étoient
« continuellement faicts, à eux, leurs femmes, biens et
« familles, par plusieurs gens vagabons malvivans, et
« pour alcunement leur ayder et subvenir aux frais
« qu'il leur conviendroit de faire, pour faire une clos-
« ture, leur auroit donné et octroyé asseoir, imposer et
« cueuillir sur eulx, par chacun an, la somme de XL escus,
« et de prendre et avoir sur chacun d'eux débitants et
« distribuants en détail, et par le menu, sur chaque
« pipe de vin vendue audit bourg, XX sols; sur chaque
« pipe de cidre, V sous (1); le tout jusqu'au temps et

(1) On peut remarquer, par la lecture de ce document, qu'il est rédigé dans un style formulaire de chancellerie : c'est ce qui fait qu'on y parle de la ville d'Écouché, de ses faubourgs et de son pavé. Le droit imposé aux habitants est le même que celui qui fut établi sur les débitants de Caen, en 1432, par le roi d'Angleterre, et sur les propriétaires de fonds (*Monographie de l'abbaye de St.-Étienne de Caen*, par M. Hippeau, p. 135, dans les *Mémoires de la Société des Antiquaires de Normandie*, XXIe. volume de la collection).

« terme de huit années, qu'il leur auroit continué et
« confirmé, lesdites étant expirées. Et depuis, feu nostre
« très-honoré seigneur et frère le roi Henry, que Dieu
« absolve, leur auroit aussi continué et confirmé ledict
« octroy, par plusieurs diverses fois, comme aussi
« auroit fait nostre très-honoré seigneur et frère le roi
« Charles, dernier décédé, lequel seroit expiré de l'an
« 1567, ainsy qu'il appert par lesdites lettres d'octroy,
« cy attachées soubs le contrescel de nostre chancellerie;
« et pour les troubles qui ont couru audit pais, ils
« n'ont pu nous les présenter pour les confirmer, et
« que, depuis le temps du dernier octroy, les fossés,
« murs et pavés n'auroient été entretenus, de sorte qu'ils
« sont presque tombés en ruyne, et n'y peuvent lesdits
« habitants presque habiter, nous supplians leur vouloir
« confirmer l'octroy et leur octroyer nos lettres à ce
« nécessaires. A ces causes, après avoir fait voir à nostre
« Conseil lesdites lettres d'octroy, inclinans libéralement
« à la supplication et requeste desdits suppliants; à
« iceulx, pour les mêmes causes et considérations con-
« tenues ès dites lettres et aultres, à ce nous mouvans,
« avons confirmé et confirmons lesdites lettres d'octroy
« de nosdits seigneurs ayeul, père et frère. De nouveau,
« permettons et octroyons auxdits habitants que, pen-
« dant et durant le temps de huit années prochaines
« et consécutives, à commencer du 1er. jour de janvier
« prochain, ils puissent et leur soit laissé faire cueuillir
« et lever sur eulx, par le recepveur qui sera par eux
« dispensé, ladite somme de XL escus, et sur chaque
« pipe de vin vendu en détail en la ville et faux-bourg,
« XX sous, et sur chaque pipe de cidre, V sous ; les
« quelles sommes seront employées à la réparation de

« ladite ville, tours, murailles, fossés, pavé, et non
« aultres effects ni ailleurs, sous peine d'estre privés
« de nostre présente grâce d'octroy. Si voulons et enjoi-
« gnons, par ces présentes lettres de nostre grâce et
« octroy, et de tout ce contenu ci-dessus, vous faictes,
« souffrez et laissez jouir lesdits supplians pleinement
« et paisiblement.....
« Donné à St.-Germain-en-Laye, le..... jour de.....
« de l'an de grâce mil cinq cens quatre vingt trois, et
« de nostre règne le dixième » (Titre original sur parchemin. Archives municipales d'Écouché).

N°. 11.

Devis de la chapelle St.-Denis d'Écouché

« Cy après ensuit le devis de la cherpenterie de la
« chapelle de St.-Denis d'Escouché. Premièrement, c'est
« à savoir, la pate fourme, sus chascun costé d'icelle
« chapelle, ara deux paires de sablières et en icelles
« sablières, sus chascun costé, ara trois paires de clois
« pour fermer lesdites sablières, et aront ycelles sa-
« blières chascun demi-pied d'espaisseur en un cens, et
« en l'autre cens demi-pied et trois doie à *pied-main* (1).
« Sur ycelles sablières ara quatre tirans et auront yceux

---

(1) Le pied *à main*, autrement dit *ad palmam manus*, *palmée* ou *paumée*, qui exprime la distance qu'il y a entre le bout du pouce et le bout du petit ou cinquième doigt, la main étant étendue, ne devait représenter que la moitié du pied à pied. Cette mesure était employée assez fréquemment au moyen-âge. On la voit désignée et employée dans un mandement de Philippe-Auguste, enjoignant à Blanche, comtesse de Troyes, de faire publier son ordonnance touchant les combats judiciaires. Les champions ne devaient en venir aux mains qu'armés de

« tirans chascun un *pié* à *pié* veue, et seront yceux
« tirans rabattus à huit pans, entre le joux et entre
« yceux tirans, ara joux qui se mettront ès tirans, et
« seront du paraige des tirans par dessus et se ressem-
« bleront sur lesdites sablières plain ; puis lesdits tirans
« se funderont sus lesdites sablières à caoue d'aronde
« chascun deux doie. Item. Ara sur yceux sablières,
« corbeaux qui se mettront par espace de cours de late
« et yceux corbeaux se mettront de tenon en mortèse
« dedens yceux joux et yceux corbeaux se mettront à que
« desronde es sablières de derière. Item. Il ara sur lesdits
« tirans quatre poinssons du paraige aux tirans par pié et
« au dessus d'icelle boce aront les poinssons demi pié et
« deux doie jusque es boces des antrais et de la lierne.
« Item. Seront les diz poinssons à huit pans, entre ycelles
« boces » [ces bosses sont l'équarri de la pièce de
charpente, conservant sa grosseur dans les assemblages
et dégrossie à huit pans dans sa longueur]. « Item. Aura
« entre yceux poinssons liernes souz festez et croisiées.
« Item. Entre yceux poinssons et chascune croisée,
« aront ycelles liernes souz faitez et croisiez demi *pié*
« *à main*, et se funderont lesdites liernes de deux doie
« sur les antrais et ycelle besoigne sera accourple fierme
« à tiers point. Item. Se mettront yceux couplez en
« tenon sur les corbeaux. Item. Les jambaiges qui se
« formeront ès dis chevrons se mettront ès dis joux et
« airont les diz chevrons, en leur haut cens demi *pié à*
« *main* et un demi en l'autre cens et leront boces ès diz

bâtons n'excédant pas *trois pieds à main : Quod campiones non pugnent de cetero cum baculis qui excedant longitudinem trium pedum ad pedem manus...* (*Ordonnances des rois de France*, t. 1, p. 35 ; — *Dictionnaire de Trévoux*, au mot PAUME).

« chevrons à recevoir leur liaison. Item. Les jambaiges,
« esseliers et antrais seront du paraige à yceux chevrons,
« tant en un cens comme en l'autre. Item. Sur les antrais
« d'ycelle cherpenterie, aira un clochier quarré de VIII
« piés de ley (large) et sur yceux antrais ara deux sollez
« à porter quatre poteaux, et passeront yceux poteaux,
« au dessus d'ycelle cherpenterie, quatre piez et en ycelui
« clochier aira croisées et entretoises pennez saintières
« et sur ycelles pennez aira huit chevrons partis par
« espace à huit paus. Item. Ycelui clochier aira une
« aguille qui se dévallera sur une solle qui sera assise
« sur les deux sollez de bas et ycelle aguille sera sy
« longue qu'elle passera les chevrons de quatre piés et
« aira en ycelle aguille une croix à un bacin (1) et
« yceux chevrons airont XV piés de lonc ou environ. Item.
« En icelui clochier aira deux *emornes* (?). Item. En
« ladite chapelle aira tout autour une pièce de bois à
« portier sièges semblable à celle qui est au chancel de
« Notre-Dame d'Escouché. Item. Sur chascun pignon
« d'icelle chapelle, aira un couple de chevrons. Item.
« En ladite chapelle aira deux huis chassois et avec ceu
« toutes les fenestres qui seront profitables à ladite
« chapelle et querront les ouvriers qui feront ceste édi-
« fice, les chevrons et pour tout ce qui leur sera né-
« cessaire, à leurs propres couts et despens et rendront
« ladite chapelle preste de recepvoir couverture, sauf le
« clou, pour le prix de cinquante et deux livres, en ce
« compris le vin. »

Ce devis est joint à un marché passé devant le tabellion d'Écouché, à la date du 15 avril 1416, entre vénérable

---

(1) Peut-être *branche, fourchon*, comme l'explique du Cange.

homme et discrept M⁰. Jacques Duchemin, curé d'Écouché, assisté de Jehan Lemière et de Thomas de Raenne, trésoriers de l'église, d'une part, et Jehan Le Mercier, charpentier, pour l'exécution du devis qui précède (Ces pièces originales, sur parchemin, appartiennent à la Fabrique d'Écouché).

N°. 12.

Fondation de la messe des pélerins de St.-Michel.

« Pardevant Robert de La Mare, notaire, le 21 septembre 1730, au presbytère d'Écouché, furent présents
« M⁰. Jacques Dreux, curé d'Écouché (suivent les noms
« des nombreux pélerins)... lesquels, pour eux et en
« leurs noms, et pour le repos de feu Jacques-Philippe
« Dreux, leur associé, et ayant fait avec lui le pélerinage
« du Mont-St.-Michel, en l'année 1727, et en action de
« grâces de leur heureux retour, ont, par le présent,
« fondé en ladite église Notre-Dame d'Écouché et annexé
« à la Confrérie Notre-Dame, érigée en cette église,
« une messe chantée à diacre et à sous-diacre et chap-
« piers au chœur, pour être célébrée à perpétuité en
« l'église, le jour de St.-Michel, à 10 heures du matin,
« et après l'*Ite missa est*, chanté l'himne de saint Michel,
« tant par l'officiant, diacre et sous-diacre, que autres
« prêtres, le tout en chœur. Lesquelles messe et himne
« seront chantées solennellement par le sieur curé et les
« six chapelains de ladite Confrérie, pour honoraires
« desquels sera payé, savoir : au sieur curé, 20 sous,
« et à chacun des chapelains, 5 sous; aux enfants de
« chœur, 2 sous et six deniers; au bedeau, 10 sous

« pour son assistance et pour sonner, tant dès la veille, à
« midi, et au soir en carillon, que le jour de la feste,
« à la messe de midi. Le sous-bedeau, pour son assis-
« tance, 2 sous 6 deniers. Ce qui sera payé annuellement
« par le recepveur de la Confrérie. Pour l'institution et
« entretien de ladite fondation a été fourni par les
« ci-dessus nommés la somme de 110 livres pour être
« constituée en rente, sous le nom et profit de ladite
« Confrérie Notre-Dame. Ce fut accepté par M^e. Pierre
« Auber, vicaire d'Écouché, recepveur de ladite Con-
« frérie, etc. »

TABLE ANALYTIQUE.

A.

Aimery (vicomte de Châtellerault), 32, 36.
Albret (Jeanne d'), 46, 47.
Alençon (la ville d'), 107.
— (le chancelier d'), 46.
— (le comté d'), 32, 33, 34.
— (Marie d'), 51.
Almenèches (l'abbesse d'), 214.
— (le château d'), 35, 42, 45.
— (le Châtel-lès-), 48.
— (le domaine d'), 25, 34, 36, 47, 48.
— (nécrologe d'), 35.
Amboise (François d'), 45.
— (Marguerite d'), 45.
Angevine (la foire), 99, 105.
— (le fossé de l'), 93.
Angevin (Raoul l'), 33.
Angevins (les), 10.
Ango Ier. (Jean-Baptiste), 65, 66, 209.
Ango II (Jean-Baptiste, marquis de La Motte-Lézeau), 67, 82.
Ango III (Jean-Baptiste), marquis de La Motte-Lézeau, 67.
— (Nicolas), sieur de La Chaise, 62, 65.

Ango (Philippe-René), comte de Flers, 66.
Angoulême Marguerite d'), 45, 46.
Anjou (le comte d'), 21.
Annebec (la seigneurie d'), 54.
Argentan (la garnison d'), 12.
— (la place d'), 13, 14.
— (la vicomté d'), 90.
— (le domaine d'), 83.
Arpajon (Catherine d'), 53.
Arques (la ville d'), 14, 15.
Arthur (duc de Bretagne), 37.
Asselin (bourgeois de Caen), 19.
Assemblées de paroisses (règlement sur les), 110.
Aubereau (Claude), 59.
Aubert (Jacques), curé d'Écouché, 156.
— (Pierre), prêtre, 103.
Aubigny (Néel d'), 26.
Aucquaignes (Michel d'), 90.
Auditoire (à Écouché), 84.
Auge (Olivier d'), 27.
Auray (la bataille d'), 38.
Autel du Rosaire, 146.
Avaugour (Henri IV d'), 36, 37.
Avesne (la terre d'), 42.
Avoines (la paroisse d'), 7, 84, 86.
— (Nicolas d'), 30.

B.

BARBOT-TIERCEVILLE (sa mort), 217.
BATILLY (la paroisse de), 107.
BAVENT (la terre de), 21.
BAZIÈRE (la dame), hospitalière, 200.
BEAUFOU (Luce de), 51.
BEC (l'abbaye du), 24, 27.
BELLEFONDS (la paroisse de), 7.
BELLÊME (Robert de), 9.
— (Yves de), 8.
BELZAIS (sieur de Beaumesnil), 151.
— (Jacques), curé d'Écouché, 152.
— (Jacques), fermier de la coutume d'Écouché, 76.
— (Louis), chapelain de l'hospice, 214.
— (Nicolas), curé d'Écouché, 152, 158.
BENKELS, 30.
BERNAY (la ville de), drap de Bernay, 98.
BERNAY-SUR-ORNE (la chapelle de), 180.
— (la paroisse de), 107, 108, 180.
BERTRAND Ier. (comte de Boulogne), 44.
BÉTHUNE (François de), baron de Rosny, 47.
— (Jacqueline de), 47, 48.
BILLETTE (droit de), 72.
BISET (Henri), 31.
BLOIS (Charles de), 37, 38, 39.
— (Charles de), seigneur d'Avaugour, 44.

BLOIS (Étienne de), 9, 22.
— (Guillaume de), 44.
— (Jean de), 39.
— (Nicolle de), 44.
BLONDEL (Jean), 196.
BOEL (Girard), seigneur de Boucé, 30.
BOEMOND, 22.
BOICEI (paroisse de), 7.
BOIREL (Pierre-Charles), 103.
BOISSEAU (d'Arques), 75.
— (d'Écouché), 75.
BONNEMAIN (le fief de), 48.
BONNÉTABLE (les barons de), 51.
BONS, 30.
BORDEAUX, 43.
BOSSU (Guillaume), 189.
BOUCÉ (l'église St.-Pierre de), 30.
— (la paroisse de), 7.
— (la sergenterie de), 86.
BOUCHARD D'AUBETERRE (Elisabeth), 54.
BOUILLON (Godefroy de), 22.
BOUQUETOT (Jean de), 61, 183.
— (Suzanne de), dame de La Motte, 60, 61, 62.
BOURBON (Catherine de), 51.
— (Jean de), 46.
— (Jeanne de), 51.
BOURDON (Jean), architecte, 127.
BOURGES (la porte), 91, 185.
BOUVILLE (de), intendant d'Alençon, 209.
BRETAGNE (Guy de), 37.
— (Jean de), 43.
— (le chemin de), 107.
— (le duc de), 36, 37.

BRETEUIL (Charles Le Tonnelier de), baron d'Écouché, 64, 66, 82.
— (Claude Le Tonnelier de), baron d'Écouché, 64, 100, 135.
BRIÈRE (Joachim), trésorier, 131.
BRIOUZE (Guillaume de), 112.
BRIOUZE (le prieur de), 114, 124, 126, 127, 156.
— (le prieuré de), 8, 113.
BRIZAMBOURG (le baron de), 49.
BROSSARD (Joseph de), sieur des Ils-Bardel, 87.
— (le comte de), 87.
BROSSE (Jean de), 44.
BROUTIN (Romain), 129.
BRY DE LA CLERGERIE, 32, 33.
BUREL (Michel), 186.

C.

CAEN (l'échiquier de), 31, 35.
— (la place de, 13.
— (l'Université de), 13.
CAIGET (J.), 196.
— (Thomas), curé d'Écouché), 161.
CALENDE (la Petite-), 156, 157.
CANAT (Marcel), 141.
CANCE (la), rivière, 4.
CANTELOU (Adam de), 30.
CARROUGES (la place de), 10, 107.
CERISY-BELLE-ÉTOILE (les moines de), 181.
CHAISES (premières) de l'église d'Écouché, 142.
CHAMBRE DU ROI (à Écouché), 14.
CHANDELEUR (foire de la), 105.

CHANTOCEAUX (le château de), 40, 41, 44.
CHAPELAINS (les) d'Écouché, 162.
CHAPELLE (de la Maladrerie), 180.
CHARITÉ (Notre-Dame), confrérie, 143.
CHARLES VII (roi de France), 12, 43.
— (-le-Mauvais), roi de Navarre, 52.
CHARMA (M.), 95.
CHARUPEL (Gervais), 187.
CHASTENAY (Aimée de), comtesse de Montgommery, baronne d'Écouché, 62, 116, 145.
CHATELLERAULT (Jeanne de), 36.
CHATELLIER (Notre-Dame du), paroisse, 84.
CHAUVIGNY (Marguerite de), 43.
CHEMINAGE (droit seigneurial), 73.
CHEMIN DU RÉ, 107.
CHÊNE-A-L'HOMME (le bois du), 107.
CHÉRADAME (Philippe), curé d'Écouché, 132.
— (le père), 218.
CHERBOURG, 13.
CHEVALIER (Jean), 97.
CHEVALIERS (les) de la confrérie de St.-Jacques, 147.
CHRÉTIEN (Côme), prêtre, 182.
— (Jacques), chirurgien, 199.
— (L.-J.), Almanach argentenais, 35.
CIMETIÈRE, 177.
CLAIRAI (la paroisse de), 7.
CLÉMENT (Henri), maréchal de France, 83.

CLISSON (Marguerite de), 39, 40, 41, 42.
— (Olivier de), connétable, 39.
COCHON (Catherine), 62.
CONFRÉRIE (des cordonniers), 149.
— (des drapiers), 149.
— (des tanneurs), 150.
— (des trépassés), 147.
— (de Ste.-Croix), 143.
— (de St.-Jacques), 147.
— (de St.-Michel), 148.
— (Notre-Dame), 130.
CONGRUE (la portion), 158.
CONSISTOIRE PROTESTANT A JOUÉ-DU-PLAIN, 206, 210.
CONSISTOIRES (de Crocy et de Fontaine-les-Bassets), 208.
CORBIN (Pierre), prêtre, 103.
CORNE-DE-CERF (l'auberge de la), 14.
COSSAR (fournit la corde pour pendre), 70.
COUCY (maison de), 27.
COULANDON (paroisse de), 7.
COUPIGNY (Guillaume de), fonde l'hospice, 185, 187.
COURTEILLES (l'église de), 111.
COURTIN (Laurent), maçon, 128.
COUTERNE (le château de), 46.
CRESPIN (Gilbert), 17.
CRESTÉ (Guillaume), architecte, 127.
CROISADES (salle des), au palais de Versailles, 22.
CURÉS D'ÉCOUCHÉ (la liste des), 174.

D.

DAVID-DESCHAMPS (M.), 68.
DE LA MARRE (Robert), 103.

DE LA NOE (sculpteur), 135.
DE LA RUE (Jehan), et Collette, sa femme, 168.
— (l'abbé), 12, 25, 26.
DÉSERT (la seigneurie du), 30.
— (le château du), 30.
DESNOS (Odolant), 13.
DIEPPE (la ville de), 14.
DIGUETS (les), 92, 93.
DODEMAN (W.), seigneur de Ménil-glaise, 95.
DROIT DU SEIGNEUR, 177.
DROITS FÉODAUX, 69.
DU BELLAY (Martin), curé d'Écouché, 176.
DU BOSC (Jacques), 57.
DU COUDRAY-BRIÈRE, 197.
DUFOSSÉ (Jehan), vicomte de Trun, 83.
DU HOMME (Roger), 30.
DUMOULIN (*Histoire de Normandie*), 16, 28.
DU MONNIER (sieur Du Mesnil), 105, 206, 209.
DUPISSOT (Simon), trésorier, 132.
DURAND (M⁰ Nicolas), prêtre, 132.
DURFORT (Jacques de), 60.
DUVEAU (Jehan), 187.

E.

ÉCOUCHÉ (*castrum*), 7, 31.
— (chef-lieu de canton), 218.
— (la baronnie d'), 67.
— (la bourgeoisie d'), 69.
— (la garnison d'), 12.
— (la seigneurie d'), *honor*, 33.

Écouché (la sergenterie d'), 86.
— (le bourg d'), 90.
— (le domaine d'), 19, 21, 25, 27, 31, 34, 36, 42, 45, 47, 48, 49, 58, 63, 66, 79.
— (le doyen d'), 187.
— (le doyenné d'), 6, 7.
— (le logis seigneurial d'), 61, 80.
— (le marché d'), 76.
— (le siége des assises de la vicomté d'), 84.
— (le siége des obligations d'), 89.
— (le tabellionage d'), 88.
— (l'hospice d'), 65.
— (*prefectura*), 30.
— (*prepositura*), 25.
— (sert d'étape à Charles VII), 13.
— (ses diverses appellations), 5.
— (ses seigneurs), 15.
EDELINE (religieuse d'Almenêches), 35.
— (Pierre), languéyeur de porcs, 76.
EDITH DE WARENNES, 22, 23.
ÉGLISE D'ÉCOUCHÉ (dédiée à la Vierge), 111.
ELA (d'Alençon), 32, 33, 34, 35, 36, 37, 48.
EMMA, 15.
ENGLAND (les comtes d'), 60.
ERNEIS (Robert filz), 33.
ESPAGNE (Charles d'), 52.
ESSAY (la ville d'), 33.

ÉTAMPES (marquis d'), seigneur d'Écouché, 68.
ÉTAUST (Bernard), prêtre, 139.
ÉTIENNE (Nicolas), sieur de La Guyonnière, 126.
— (de La Guyonnière), 184.
EUDES (René), prieur de Briouze, 129.
ÉVREUX (le comte d'), 21.
— (le comté d'), 17, 21.

F.

FALAISE (la ville de), 14.
FAVEROLLES (la paroisse de), 107.
FEURIÈRE (le fief de), 60.
FLANDRE (Marguerite de), duchesse de Bourgogne, 141.
FLERS (les écoles de), 76.
FLÉTEL (Bazilie), 18, 20.
FLEURÉ (la paroisse de), 9.
— (le château de), 187.
FLEURY (le cardinal de), 104.
— (l'historien), 17.
FOIX (Jean de), 45.
— (Jeanne de), 46, 47.
— (don Frédéric de), bâtard, 45, 46.
— (Gaston de), 45.
FOLLETIÈRE (le moulin de la), 82.
FONTENAY (l'abbaye de), 33.
FONTENAY-SUR-ORNE (la paroisse de), 7.
FORCOAL (évêque de Séez), 156.
FOULQUES (Giroie), 17.
— (le Réchin), 20.
FRANÇOIS Ier. (duc de Bretagne), 43.
— (roi de France), 46, 91.

FRÈRES CONDONNÉS DE L'HOSPICE, 189.
FROTTÉ (Benjamin de), 209.
— (Charles de), 209.
— (François de), 206.
— (Jehan de), 46, 205, 209, 210.
— (René de), 209.
— (Suzanne de), 206.

G.

GACÉ (le domaine de), 19, 21.
GACÉ (Raoul de), 15, 17, 18, 21.
— (Robert de), 18, 19.
GAUTIER (Gabriel), chirurgien des pauvres, 199
— (le chevalier), 10.
GAUTIERS (les), 13.
GEOFFROY (Plantagenet), 9, 10.
GIRAUD (*Giraldus prefectus de Scuceio*), 8.
GONNEVILLE-SUR-SAIRES, 31.
GOURNAY (Basile de), 24, 25, 27.
— (Basilie de), 25.
— (Girard de), 19, 20, 21, 22, 23, 25, 27, 49.
— (Gundrée de), 25, 26.
— (Hugues de), 20, 23, 24, 25, 26, 27, 28, 29, 30, 31, 33, 50, 70, 181.
GONTAUT (Armand de), 47, 48.
— (Hélie de), 47, 48.
GONTAUT-BIRON (Jean de), 48.
GOSSUL ou GASSEUL (rivière du), 122.
GRAINVILLE (le domaine de), 25.
GRANCÉ (le comte de), 111.
GRANVILLE (route de), 14, 93, 106.

GRAVILLE (Marie de), dame de Lougé, 53.
GRAY (Jean), 52.
GUÉRANDE (le traité de), 38, 40.
GUIBRAY (foire de), à Écouché, 99.
GUILLAUME (comte d'Évreux), 20, 21.
— (comte de Warennes), 22.
— (fils de Robert-Courte-Heuze), 26.
— (-le-Conquérant), 17, 18, 20, 112.
— (-le-Roux), roi d'Angleterre, 24, 25.
— III (comte de Ponthieu), 34.
GUINGAMP (les cordeliers de), 37, 40.
GUIRIBECS (les), 9.
GUL, 87.
GURNAY (Daniel, esq.), 23, 24, 26, 27, 30.

H.

HALLE AUX CHIENS, 139.
HARCOURT (Bonaventure d'), baron d'Écouché, 54.
— (Charles d'), baron d'Écouché, 55.
— (François d'), baron de Bonnétable, 53, 122.
— (Gallois d'), sieur de Bailleul, 95.
— (Guillaume d'), comte de Montgommery, 59, 60.
— (Girard d'), 53.
— (Jacques d'), 54, 56.
— (Jacques), baron d'Écouché et d'Olonde, 54, 55.

HARCOURT (Jacques) de Beuvron, 56.
— (Jacques d'), comte de Montgommery, 59.
— (Jean d'), baron de Bonnétable, 53.
— (Jean II d'), 36.
— (Jean V d'), 51, 52.
— (Jean VI d'), 51.
— (Jean VII d'), 51.
— (Jeanne), comtesse de Montgommery, 59.
— (Jeanne d'), 36, 37.
— (Marie d'), 51.
— (Nicolas d'), baron d'Écouché, 55, 56, 60.
— (Philippe d'), 51, 52.
— (Philippe d'), baron d'Écouché, 54.
— (Pierre d'), marquis de Beuvron, 57.
— (Urbain d'), condamné à mort, 56, 57, 58.
HAUTE-JUSTICE (d'Écouché), 70.
HÉBERT (Marie), dame de La Motte-Lézeau, 67.
HELLA (d'Alençon), 32.
HENRI (Fitz Hugh), 42, 43.
HENRI Ier. (roi d'Angleterre), 9, 24, 26.
— II (roi d'Angleterre), 24, 25.
— V (roi d'Angleterre), 42, 52.
— II (roi de France), 59.
— III (roi de France), 14.
— IV (roi de France), 14, 47, 48.
— (roi de Navarre), depuis Henri IV, 44.

HENRI II (roi de Navarre), 45.
HÉREMBERT (sergent royal), 128.
HÉRIOT (Gabrielle), hospitalière, 198.
HOBLÈVE, 17.
HOULME (l'archidiaconé du), 6.
— (l'archidiacre du), 134, 169, 173, 177.
HOUX (la ferme du), 209.
HUGUES (archevêque de Rouen), 17.
HUGUES II (vicomte de Châtellerault), 32.
HUGUES-LE-GRAND, 15.
HUGUET (Michel), sa mort, 247.

I.

ISABELLE (de Boulogne et d'Auvergne), 44.

J.

JEAN III (duc de Bretagne), 38.
— V (duc de Bretagne), 40.
— (-Sans-Terre), 28, 29.
JOLYVET (Thomas), trésorier, 183.
JONCHÉES (de paille dans l'église), 141.
JOUANNE (sculpteur), 134.
JOUÉ-DU-PLAIN (la paroisse de), 7, 66, 81, 84, 86, 105, 107, 128.
— (le fief de), 30.
— (l'église de), 30.
JOURDAIN (évêque de Lisieux), 31.
JOUVIN (la famille), 139.
JUBLAINS (la station de), 107.
JUIFS (sobriquet des habitants d'Écouché), 219.
JURIDICTIONS (d'Écouché), 82.
JUVIGNY (paroisse de), 7.

K.

Kaen (Willelm de), 31.

L.

La Fayette (Aimée de), 46.
Laigle, 46, 52.
La Ferrière (Jean de), 181.
— (le comte de), 56, 66, 67.
La Fontenelle, 145.
La Forêt-Auvrai, 89.
Lalande-de-Gul, 87.
Lalande-de-Lougé, 107.
Lallemant (Mgr.), évêque de Séez, 163.
Lamballe, 40.
La Motte (au Lièvre), 60.
— (en Joué-du-Plain, 61, 62.
La Motte-Lézeau, 64.
— (le marquisat de), 66.
La Roche-Mabille (le domaine de), 34, 36, 42.
La Trémouille (Louis Ier. de), 45.
Laurent (M. l'abbé), 68, 75, 172.
Lautour (Jacques), 103, 104.
Laval (Emma de), 32.
— (marbre de), 134.
Le Bas (Étienne), 102.
Leboucq (Jean), 186.
Léchaudé-d'Anisy, 30, 31, 35, 42, 95.
Lecourtois (Marc), maître de la maladrerie, 182.
Lefebvre de Lézeau, 65.
Leguerné (Jean), 140.
Le Lièvre (Catherine), dame de La Motte, 209.
— (Françoise), 60.

Le Marchand (Jean), sieur des Ligneries, 103.
Le Mouz (Guillaume), fonde l'hospice, 185.
Le Petit (Daniel), écuyer, sieur des Ifs, 103.
Le Repos (paroisse), 7.
Le Roullier (Jacquot), tabellion, 90.
— (Raoul), 186.
Lesage (Pierre), architecte d'Argentan, 134.
Lesignor (Michel), 90.
Leson (Guillaume), 30.
Le Tellier (François-Michel), marquis de Louvois, 203.
Letellier (Morin), 140.
Letêtu de La Motte, 163.
Letort (Guillaume), architecte, 136, 146.
— (les frères), maçons, 128.
Leverrier d'Amigny, 103.
Leverrier de La Conterie (Jean-Baptiste), 103.
Levieul et sa femme se retirent à l'hospice, 190.
Limoges (la vicomté de), 42.
Lisieux (la ville de), 10.
Lisingham, 25.
Livarde (Roger), 95.
Loge aux maçons, 125.
Longaunay (Antoine de), 57.
Long-Camp (Étienne de), 31.
Longueuil, 25.
Lonlay (Catherine de), 140.
Lonray, 46.
Lorges (Jacques de), 60.
Lorraine (Antoine de), 54.

Loucé (le fossé de), 93.
— (la paroisse de), 7, 27, 84, 86, 89.
Louis XIII (roi de France), 76.
— XIV, 65.
Lurphis (Louise), 140.

M.

Macé (doyenné de), 7.
Mahot, 183.
Maine (le duc et la duchesse du), 104.
Malades (foire aux), 99, 182, 183.
Maladrerie (d'Udon), 179.
Mallet (Jacques), trésorier, 140.
— (Jean), sire de Graville, 53.
— (Robert), sire de Graville, 32.
— (Robin), sire de Graville, 32, 34.
Malleries (de Sérans), 99.
Mancelle ou Mançaise (la rue), 108.
Marais-Bouvillon (en Joué-du-Plain), 209.
Marcei (paroisse de), 7.
Maréchal (Guillaume), comte, 31.
Mareuil (Françoise de), 54.
Marigny (paroisse de), 7.
Marle (Millesende de), 26, 27.
Marseille (François de), 87.
— (Marie de), 87.
— (Nicolas de), 87.
Mathilde (épouse de Geoffroy-Plantagenet), 9.
— II (abbesse d'Almenèches), 36.

Mathilde (fille de Richer de Laigle), 26.
— (la duchesse), 19.
Maugin (Jacques de), prêtre, 176.
Maurice (Gabriel), architecte, 127.
— (Pierre-Auguste), prêtre, 103.
Mauvaisville (la paroisse de), 7.
Mauvoisin (Henri), 31.
— (Jean), procureur des bourgeois, 192.
Mayenne (le duc de), 14.
Médavi (la paroisse de), 7.
— (le baron de), 48.
— (Robert de), 10.
Médicis (Marie de), 57.
Méheudin (le fief de), 89.
— (la paroisse de), 7.
Ménilglaise (Jean de), 95.
— (Mr. de), 145.
Mesnilselleur (la paroisse de), 84, 86.
Méniljean (la paroisse de), 107.
Merlon (Drogon de), 28.
Mesle-sur-Sarthe (la seigneurie du), 63.
Meslet (le fossé), 93.
Messei, le bourg (la haute-justice de), 84.
— (la sergenterie de), 87.
— (St.-André de), paroisse, 84, 87.
— (St.-Gervais de), paroisse, 84, 87.
Messier (garde-champêtre), 72.
Métivier (Yves), 103.
Metz (le fief du), en Joué-du-Plain, 210.

19

Moncontour, 39.
— (Bertrade de), 20, 21.
— -sur-Rille, 29.
Montboucher (Élisabeth de), 62.
Montbray (Robert de), 25, 26.
— (Roger de), 25, 26.
Montfort (Amaury de), 21.
Montgaroult (la paroisse de), 103.
Montgommery (Elisabeth Le Maire du Moulinaut, comtesse de), 101.
— (François de), baron d'Écouché, 63.
— (Gabriel, Ier. comte de), 59, 60.
— (Gabriel II. comte de), baron d'Écouché, 59, 60, 61, 62, 63, 80.
— (Gabriel III), baron d'Écouché, 62, 63, 116.
— (Jean de), sieur de La Motte, 62, 65.
— (Jean et Philippe-Auguste de), 63.
— (le comte de), 69.
— (Louis de), comte de Ducé, 63, 64.
— (Roger de), 35.
Montmerré (la paroisse de), 7.
Montpensier (le duc de), 13.
Montreuil (-au-Houlme), 10, 107.
Mortrée (le domaine de), 34, 36, 42.
— (l'hospice de), 35.
Motte féodale d'Écouché, 84.
Motte-Fouqué (Isabeau de La), 54.
— (le château de La), 56.

Mouchy (Drogon de), 23, 24.
Moustier-Hubert, 10.

N.

Navarre (Marguerite de), 45, 46, 194.
Nicée (la ville de), 22.
Notaires (institution des), 86.
Noyon (le domaine de), 21.
Numerus parochianorum, 170.

O.

O (la paroisse d'), 7.
Occaignes (les carrières d'), 125.
Octroi (son établissement à Écouché), 91.
Orbec, 31.
Orléans (François d'), comte de Longueville, 60.
— (Louis d'), 60.
Orne (la rivière d'), 4, 7.
— (le pont d'), 84.
Ozenne (Samson), 126.

P.

Pardons (les), 167.
Pau (le château de), 46.
Pavie (la bataille de), 46.
Pellicocq (Michel), 186.
Penthièvre (Charles de), 40.
— (Guillaume), comte de, 40, 41, 44, 46.
— (Jean de), 40, 44.
— (Jeanne de), 38, 42.
— (la maison de), 36, 39, 40,
— (le comté de), 38, 40, 43.
— (le fief de), 48.

PENTHIÈVRE (Olivier de), 40, 41, 42.
PÉRONNE (Raoul de), 27.
PHILIPPE-AUGUSTE (roi de France), 27, 28, 29, 31, 32, 33, 82, 83.
— Ier. (roi de France), 21.
PIEL (Louis-Alexandre), 117.
PILLOU (Guillaume), curé d'Écouché, 158.
PIQUOT (Guillot), tabellion, 90.
PLANCY (Colin de), 30.
PLÉDET (Pierre), prêtre, 164.
POLIGNAC (Isabelle de), 46.
POMMEREU (de La Bretesche), 210.
PONT-ESCBEUFROY (Josselin de), 17.
PONTHIEU (Blanche de), 51.
— (le comte de), 9.
POTIGNY (la seigneurie de), 63.
PROUVÈRE (Jacques), sieur de La Paumerie, 104.
PUBOIS (le fief de), 209.
PURINS (les) d'Écouché, 97.
PUTANGES (la haute-justice de), 84.
— (la paroisse de), 84, 87.
PUY (l'évêque du), 22.

R.

RAENNE (Jean de), 122.
— (Nicolas de), 122.
RANES (la seigneurie de), 54.
— (le marché de), 76.
REGARD DE MARIAGE, 72.
RÉVOCATION DE L'ÉDIT DE NANTES, 207.
RICHARD (Cœur-de-Lion), roi d'Angleterre, 27, 28.

RICHARD Ier. (duc de Normandie) 15.
— II (id.), 16.
ROBERT (archevêque de Rouen), 16, 21.
— (Courte-Heuze), 20, 24, 26, 27.
— III (comte d'Alençon), 31, 32.
— IV (id.), 32.
ROI (de la Confrérie de St.-Michel), 148.
ROLLON (Ier. duc de Normandie), 6, 15.
ROSAIRE (la chapelle du), 131.
— (la confrérie du), 146.
ROUFIGNY (le sieur de), 145.
RUE (aux Oies), 94.
— (de la Corne), 94.
— (de la Cour-Bailleul), 94.
— (Dodeman), 95.
— (du Bouleinier), 96.
— (du Crochet), 95.
— (d'Udon), 96.
— (du Fourneau), 96.
— (du Moulin), 96.
— (du Vieux-Crochet), 95.
— (ès-Bœux), 96.
— (Grande-Rue), 93.
— (Notre-Dame), 94.

S.

SAINFRIE, 16.
SAINT-AIGNAN (Centurion de), 48.
SAINT-ALDRIC (évêque du Mans), 180, 181.
ST.-ANDRÉ (de Gouffern), l'abbaye de), 30, 34, 95.

St.-Brice (la paroisse de), 103.
St.-Christophe-le-Jajolet (paroisse de), 7.
St.-Denis (chapelle d'Écouché), 122, 175.
— (Isabeau de), 58.
— (Jean de), 58.
Ste.-Croix-sur-Orne (paroisse de), 84, 87.
Ste.-Marguerite (chapelle), 151.
Ste.-Marie (Abraham de), 60.
Ste-Trinité (le monastère de), 19, 25.
St.-Florent (l'abbaye de), 8. 112, 113, 181.
St.-Germain (Anne de), 54, 112.
— (d'Argentan, l'église de), 117, 128.
St.-Hilaire (de Louviers), 28.
St.-Jean-d'Acre, 28.
St.-Jean (l'abbaye de), à Falaise, 30.
St.-Lazare (ordre de), 203.
St.-Loyer (paroisse de), 7.
— (Mabile de), 36.
St.-Mathurin (la chapelle), 211.
— (la porte), 91.
— (les buttes), 96.
— (l'hospice), 185.
St.-Nicolas (la chapelle), 177.
— (la porte), 91.
St.-Pierre (chapelle du château de La Motte), 205.
St.-Pierre-sur-Dives (l'abbaye de), 71.
St.-Roch (fondation), 154.
St.-Sauveur de Carrouges (la paroisse de), 84.
St.-Sylvain (la seigneurie de), 63.

St.-Thibaud (la chapelle de), 210.
St.-Thomas (l'hôpital), à Lisieux, 31.
St.-Vallier (la fièvre de), 57.
Saires (la paroisse de), 84, 87.
Samson (Antoine de), 58.
— (François de), 59.
Sanzay (la comtesse de) , 57.
Sarceaux (la paroisse de), 7.
Sarthe (rivière), 10.
Séez (la ville de), 7.
— (le diocèse de), 8, 35.
Segouin (J.), 140.
— (Nicolas), maître de l'hospice, 204.
Segouin-Laroche, 139.
Sérans (la paroisse de), 103.
— (l'église de), 128.
— (Roger de), 97.
Sergent (les fonctions de), 71.
Sergenterie (du plaid de l'épée), 85.
Sevray (la paroisse de), 84, 86, 107, 180, 181.
— (le fief de), 55, 60.
— (le seigneur de), 183.
Silly (François de), 45.
Soreng (la famille), 8, 9,
Sully, 47.

T.

Tabellions (à Vieux-Pont), 206.
Tancrède, 22.
Tanques (la paroisse de), 7.
Tanville (la paroisse de), 7.
Temple (de la Raison), 215.
Ternois (Roger du), 21.
Tesson (Jourdain), 33.

TÊTE-D'ANE (Raoul), 20.
THOUARS (la vicomté de), 45.
— (la vicomtesse de), 44, 45.
TIERSAIN, 168.
TILLON (Isabeau), 56.
TILLY (Guillaume de), 50.
— (Jean de), 50.
— (Jeanne de), 51, 52.
— (Claude de), 56.
TIRMOIS (Jehan), procureur fiscal, 192.
TOMBE DE Mme. DE MONTGOMMERY, 153.
TOMBE DE MARIE LE TOURNEUR, 153.
TOREL D'ÉCOUCHÉ, 95.
TOULOUSE (le comte de), 22.
TOURNEDOS, 17.
TRAPPE (abbaye de la), 30.
TREIZE-SAINTS (la paroisse de), 84, 86, 168.
TRUN (la vicomté de), 83.

U.

UDON (la porte d'), 91.
— (la rivière d'), 4, 7.
— (le hameau d'), 99.
— (le pont d'), 81, 108.

UDON (les marais d'), 92.

V.

VAL (le moulin du), 209.
VIEUX-PONT (foires et marchés de), 101.
— (la paroisse de), 7, 84, 86, 100, 102.
— (le domaine de), 209.
— -LE-MONDE, 164, 178
VIGANIÈRE (l'ainesse de la), 55, 67, 81, 82.
VIGNATS (la seigneurie de), 25, 63.
VIGNERAL (François de), 60.
— (Guillaume de), 153.
— (Jean de), 153.
— (le fief de), 60, 107, 108.
VILLERS (Balthasar de), 60, 210.
— (Louise de), 61.
VIN DE PAQUES, 169.
VIVONNE (Isabeau de), 44.

Y.

YVETEAUX (le château des), 106, 107.
YVON, 8.

ERRATA.

Page 37, ligne 11, au lieu de 1334, *lisez :* 1346.
— 47, — 2, au lieu de don Félix, *lisez :* don Frédéric.
— 154, — 23, au lieu de 1639, *lisez :* 1739.
— 207, — 18, au lieu de paroissiale, *lisez :* protestante.
— 230, — 6, au lieu de et à la suite, *lisez :* et à la sente.
— 235, — 5, au lieu de don Félix, *lisez :* don Frédéric.

Caen, typ. de A. Hardel.

www.ingramcontent.com/pod-product-compliance
Lightning Source LLC
Chambersburg PA
CBHW062231180426
43200CB00035B/1630